梦山书系

# 为生长而教

## 构建小学综合实践活动生长课堂

施美珠 ◎ 著

海峡出版发行集团 | 福建教育出版社

图书在版编目（CIP）数据

为生长而教：构建小学综合实践活动生长课堂 / 施美珠著. —福州：福建教育出版社，2024.6. —ISBN 978-7-5758-0022-8

Ⅰ.G632.3

中国国家版本馆 CIP 数据核字第 20246SB798 号

Wei Shengzhang Erjiao

**为生长而教**
——构建小学综合实践活动生长课堂
施美珠　著

| 出版发行 | 福建教育出版社 |
|---|---|
| | （福州市梦山路 27 号　邮编：350025　网址：www.fep.com.cn） |
| | 编辑部电话：0591-83727542　83726908 |
| | 发行部电话：0591-83721876　87115073　010-62024258） |
| 出 版 人 | 江金辉 |
| 印　　刷 | 福建新华联合印务集团有限公司 |
| | （福州市晋安区福兴大道 42 号　邮编：350014） |
| 开　　本 | 710 毫米×1000 毫米　1/16 |
| 印　　张 | 13.5 |
| 字　　数 | 206 千字 |
| 插　　页 | 2 |
| 版　　次 | 2024 年 6 月第 1 版　2024 年 6 月第 1 次印刷 |
| 书　　号 | ISBN 978-7-5758-0022-8 |
| 定　　价 | 40.00 元 |

如发现本书印装质量问题，请向本社出版科（电话：0591-83726019）调换。

# 序

受晋江市第六实验小学施美珠老师的邀请,为其专著撰写书序。这不仅仅是一份写作任务,更是一份对综合实践活动课程的热爱与责任。这是我为晋江市第二位综合实践活动教师著作写序,深感任务的光荣与意义。

晋江市小学综合实践活动领域取得了令人瞩目的成绩,是福建省落实综合实践活动课程较好的县级市。晋江市已经构建了一套系统、常态、有效的课程实施体系,这一体系的成功构建,离不开课程落实的意志坚定性、教师队伍建设的专业化、课程资源开发的丰富性,以及教研机制和制度保障的完善性。在教师队伍建设中,晋江市教师进修学校德育教研室主任王雯老师以其卓越的领导力和专业素养,引领着一批又一批的综合实践活动教师茁壮成长,施美珠老师就是这支队伍中的佼佼者——泉州市优秀名师。看到施老师的快速成长,我由衷欣慰和骄傲。

《为生长而教——构建小学综合实践活动生长课堂》是施美珠老师二十载教育生涯的璀璨结晶,是她对综合实践活动课程的深情追寻与坚定钟爱。从初涉此领域的迷茫与探索,到如今的游刃有余与成果斐然,施老师用她的坚持和智慧书写了综合实践活动课程有效实施的二十年探索历程。本书不仅仅是施老师个人经验的总结,更是她对综合实践活动教育理念的深刻解读与实践的升华。她汲取了陶行知等教育大师的生活教育理论等精髓,将其融入自己的教学实践中,创造性地提出了"生长课堂"这一教学主张,具有鲜明的时代性和科学性。

翻开这本书,你会被其中的精彩内容所吸引。施老师对生长课堂的基本理论进行了深入剖析,让你对这一教学理念有一个全面而深刻的认识;

同时，她还详细记录了在实践中的探索历程，每一个案例、每一个教学设计都凝聚了她的心血和智慧。更难能可贵的是，施老师还从实际操作的角度出发，为综合实践活动教师提供了一套切实可行的实施路径，使得该书不仅具有理论价值，更具有实用价值。施美珠老师的"生长课堂"是一种教育信念和追求，它代表着一种对综合实践活动课程无限热爱，培养学生创新意识和实践能力的情怀，以及对未来的美好憧憬。在施美珠老师的笔下，我们看到了一个充满活力、富有创意的综合实践活动课堂。在这样的课堂上，学生们不再是被动接受知识的容器，而是成为学习的主人，他们主动探索、积极实践，不断挑战自我、超越自我。这样的课堂样态，无疑为学生的全面发展提供了有力的保障。

我相信，本书的出版，将对晋江市乃至全福建省的小学综合实践活动教师产生积极的影响，引领更多教师走向专业成长的道路。感谢施老师为小学综合实践活动课程常态有效实施作出的贡献，感谢她为综合实践活动课程的发展付出的努力。

最后，我要向施美珠老师表示衷心的祝贺。愿施美珠老师的"生长课堂"理念能够惠及更多的学生和教师，愿综合实践活动课程发展明天会更好。让我们携手共进，为培养更多具有创新精神和实践能力的新时代人才而努力奋斗！

2024 年 6 月 5 日
福建教育学院教授、福建省陶行知研究会执行会长兼秘书长、教育部"国培计划"首批专家、中国教育学会综合实践分会学术委员会委员

# 目 录

第一章

生长课堂的基本理论～1

第一节 生长课堂的提出背景～1

第二节 生长课堂的内涵界定～10

第三节 生长课堂的核心特征～11

第二章

生长课堂的实践探索～15

第一节 内容开发：站在生长的真实世界～15

第二节 策略运用：遵循自主的生长方式～22

第三节 学习评价：让儿童的生长看得见～45

第四节 作业设计：在主动实践中扎实生长～58

第三章

生长课堂的教学设计举隅～68

第一节 考察探究活动教学设计举隅～68

第二节 设计制作活动教学设计举隅～88

第三节　职业体验活动教学设计举隅～118

第四节　社会服务活动教学设计举隅～140

第四章

生长课堂的延伸应用～157

第一节　生长课堂与劳动教育～157

第二节　生长课堂与跨学科主题学习～173

第三节　生长课堂与小学入学适应教育～189

主要参考文献～205

后记～207

# 第一章 生长课堂的基本理论

## 第一节 生长课堂的提出背景

学校犹如一片沃土，学生如同一粒种子，教师好比优秀园丁。经过播种、培土、浇水、施肥、修枝、裁叶、矫形，让每一粒种子生根发芽，破土而出，根深叶茂，参天耸立。"生长中"是儿童最大的特点。课堂是师生主要的活动场所。课堂，呈现的应该不只是"花"，更应该有"花开的声音"，课堂上最动听的声音莫过于学生们生命中的"拔节"声。经过二十年的教学实践与反思，笔者力图从生命的视角，提出了小学综合实践活动"生长课堂"的教学主张。

### 一、生长课堂的理论溯源

"生长"是一个具有理论渊源的概念。笔者提出的小学综合实践活动"生长课堂"的教学主张理论来源主要有以下方面。

#### （一）杜威的"教育即生长"理论

什么是教育？美国教育家约翰·杜威（John Dewey）提出"教育即生长"理论。他指出："生长是生活的特征，所以教育就是不断生长；在它自身以外，没有别的目的。学校教育的价值，它的标准，就看它创造继续生长的愿望到什么程度，看它为实现这种愿望提供方法到什么程度。"[1] 这表明教育的目的就在于促进儿童的自然生长和发展。杜威认为，学生不是一个抽象的概念，他是一个有生命的个体。既然有了生命，就会有自己的

---

[1] （美）约翰·杜威. 民主主义与教育 [M]. 王承绪，译. 北京：人民教育出版社，2001：57.

精神意志，即有一种属于自己的本能力量。"教育即生长"的核心是"本能的生长"。杜威认为本能和兴趣是相通的，兴趣是成长中能力的信号和象征，儿童的主动生长依赖的是兴趣和本能。对于这种本能，外界的环境是无法完全改变的，教育所能做的就是引导和影响它的主动成长，让每个人的与生俱来的能力能健康发展。所以教育活动要让学生的本能做主，老师在旁边引导、指点，让他往一个方向生长，往自己能到达的地方生长。教育应该以学生的兴趣和本能作为素材和出发点，保持持续的生长过程，在人生的每个阶段都增加其生长的能力。

同时，杜威认为"生长"不单单是顺其自然，应更注重体现生长的动态性，以及与环境的互动。他指出，生长是一个持续不断的社会化过程，教师的职责是将孩子的兴趣和活动引导到符合社会要求的轨道上来，努力使孩子的个性化和社会化协调一致，推动孩子的本能朝着社会生活需要的方向生长。

杜威指出："教育是经验的持续不断的改组和改造。"[①] 他强调要重视儿童经验的价值。他认为，经验是一切有价值的训练的源泉，是教育的灵魂和支柱；离开了经验就不会生长，也就谈不上教育。他指出，儿童的经验是教学的起点，是儿童不断生长的条件，提供了发展的可能，显示出一种内在的发展力量。脱离儿童经验的教学，无法激发儿童内在的兴趣，无法使儿童获得真正的意义。因此，以儿童的经验为基础，是为了更好地关注儿童发展的现实，只有经验产生了新的生长，这种经验才是有意义的。

总之，杜威的教育生长论明确指出了生长的内涵和路径，强调教育的目的不在于传授固定的知识和技能，而在于推动学生全面发展，促进学生个性成长。他认为，教育应该是一个持续的、动态的过程，要与学生的生活经验相结合，强调学生的主体地位，强调教育的实践性和社会性。这一理论对现代教育影响深远，也是构建综合实践活动生长课堂的重要理论

---

① （美）约翰·杜威. 民主主义与教育 [M]. 王承绪，译. 北京：人民教育出版社，2001：86.

依据。

### （二）陶行知的"生活教育"理论

陶行知先生是我国近现代伟大的人民教育家，曾师从杜威先生研究教育，他立足当时社会发展，前瞻未来教育，从中国实际国情出发，对中外先进教育理论进行了批判性继承和发展，提出并确立了"生活教育"理论。"生活教育是生活所原有，生活所自营，生活所必需的教育。"[①] 它包括四大核心内涵："生活即教育"（教育本质论）、"社会即学校"（教育场域论）、"教学做合一"（教育方法论）、"培植生活力"（教育目的论）。

#### 1. 生活即教育

"生活即教育"是陶行知生活教育理论的核心。他认为生活教育就是："给生活以教育，用生活来教育，为了生活不断向前向上的需要而教育。"[②] 从生活和教育的关系来说，决定教育的是生活；从效用上讲，教育要通过生活才能发出力量，成为真正意义上的"教育"。陶行知的观点"生活即教育"强调了教育与生活的紧密联系。

陶行知认为，生活是教育之源，生活的种种经历和体验都有教育的价值。教育要与生活相结合，从生活中汲取教育的素材。他主张教育应该以实际生活为中心，而非书本知识。教育要关注学生的生活需要和现实问题，通过生活中的各种体验和实践加以教育，使学生的各种能力和素质得到发展。他认为，生活决定教育，生活的变化和发展决定着教育的内容和方式。教育要随着生活的变化不断调整和改进，以适应社会的发展和学生的需要。他还提出，教育不仅要与生活相适应，还要对生活进行改造。通过教育，培养学生的创新实践能力，使其积极参与到社会生活的改造与建设中去。

---

① 华中师范大学教科所. 陶行知全集（第二卷）[M]. 长沙：湖南教育出版社，1984：633.

② 华中师范大学教科所. 陶行知全集（第五卷）[M]. 长沙：湖南教育出版社，1985：477.

陶行知的"生活即教育"理论，反对传统教育脱离生活而以书本为中心的做法，认为教育要和生活结合起来，才能让学生在实际生活中学习和成长。这一理论对破除当时传统教育的弊端，促进教育改革与发展具有积极作用。同时，陶行知的"生活即教育"也深刻地影响了现代教育。它提醒我们要关注学生的生活经验，将教育与实际生活结合起来，培养学生的动手能力和创新精神。这一理论在当今社会仍具有重要的启示意义。这一理论也为构建综合实践活动生长课堂提供了理念引领。

2. 社会即学校

"社会即学校"是陶行知生活教育理论的重要观点之一。陶行知认为，整个社会是生活的场所，也是教育的场所。他强调学校不能孤立于社会之外，而要把社会当成一个大学校，把学校融入社会中，社会需要什么生活，学校就提供什么教育，让学校与社会两者融合在一起。

具体而言：其一，社会含有学校的意味。他认为，整个社会是一个广阔而充满教育意义的大环境。社会中有着丰富的教育资源和多样的教育契机，生活中出现的各种现象和问题都是教育的素材，无处不在的人和事都能成为学习的对象和内容。社会中的工厂、商店、农村、家庭等等，都可以成为学习的课堂。其二，学校含有社会的精神。学校教育不能脱离社会实际，孤立地存在着。学校要积极与社会互动，把社会中的需求、价值观等融入学校教育中，让学生在学校就能接触、了解社会的真实面貌，培养学生适应和参与社会的本领。其三，教育的范围不能局限于学校的围墙之内，而应向广阔的社会拓展。要打破传统学校的狭隘观念，让教育与社会生活紧密结合起来，让人们在社会的各个角落都受到教育，得到熏陶。其四，提倡"即知即传"，也就是人人既是受教育者，又可以是教育者，大家互相学习、互相促进，共同推动社会的进步和教育事业的发展。

总之，"社会即学校"理论极大地拓宽了教育的视野和范畴，强调了教育与社会的融合与互动，体现了陶行知教育思想的开放性、实践性和社会性，对于拓展综合实践活动生长课堂的教育场所、丰富教育的内容和方式具有重要的指导意义。

3. 教学做合一

"教学做合一"是陶行知生活教育理论的重要内容，是实现"生活即教育""社会即学校"的方法论。陶行知认为，教学的本质是学习，是实践，学而后能教人，教学过程是"师生合作、相互促进、相互提高"的过程。他提出"行是知之始，知是行之成"，主张把教、学、做的方法改为"教学做"的方法，用教学法代替教授法，他强调，"好的先生不是教书，不是教学生，乃是教学生学"，"事要怎么做就怎么学，怎么学就怎么教，教的法子要根据学的法子，学的法子要根据做的法子"。他指出："教学做是一件事，不是三件事。我们要在做上教，在做上学。"[①] 他强调教与学都要以"做"为基础，只有通过实践中的"做"，才能真正实现有效的教与学。"教学做合一"强调将"教学做"融为一体，使教师的主导作用和学生的主体作用在"做"的过程中得以实现，形成系统可行的有机整体。它打破了传统教育中教与学的分离状态，突出实践的重要性，提倡在行动中培养学生的综合素质和能力，使教育更加贴近生活、贴近实际，具有很强的现实指导意义和教育价值。

陶行知还指出，"教学做合一"中的"做"不是盲目的"做"，也不是胡思乱想的"做"，而是有意义的"做"，是手脑并用的"做"，具有"行动""思想""新价值之产生"三个特征，是一种以行动为基础、以思想为指导、以创造为目的的实践活动。陶行知生活教育的重要目标，在于通过"做"的方式，培养人的创造性。他主张"行动"是中国教育的开始，"创造"是中国教育的完成。"教学做合一"，实际上是培养创新意识和实践能力的基本教学原则与方法，是生活教育理论的精髓所在。

4. 培植生活力

"培植生活力"是生活教育追求的目标。陶行知在《我们的信条》中

---

① 华中师范大学教科所. 陶行知全集（第二卷）[M]. 长沙：湖南教育出版社，1984：42.

强调:"我们深信生活是教育的中心。我们深信健康是生活的出发点,也就是教育的出发点。我们深信教育应该培植生活力,使学生生命向上长。"[①] 陶行知眼中的"生活力"是指生活能力、生存能力、创造能力、发展能力等,即具有担当责任、解决问题、征服自然、改造社会的能力。这与义务教育新课程新标准修订目标培养"有理想、有本领、有担当"的时代新人的培养目标是相一致的。

陶行知将人需要学习和掌握的3000多种生活力归纳为"健康的体魄、农夫的身手、科学的头脑、艺术的兴味、改造社会的精神"五类,即核心生活力,为培养核心素养、培养德智体美劳全面发展的社会主义建设者和接班人提供了实用而可行的目标。2017年教育部印发的《中小学综合实践活动课程指导纲要》(以下简称《指导纲要》)将课程总目标确定为"具有价值体认、责任担当、问题解决、创意物化等方面的意识和能力"。这与陶行知的生活力培养主张完全一致。"核心生活力"为综合实践活动生长课堂的目标定位和内容开发提供了方向和理论基础。

针对传统教育扼杀学生生活力的弊端,陶行知还提出了"六大解放",即解放儿童的头脑、双手、嘴巴、眼睛、空间和时间,让他们能够自由地思考、实践和探索,从而激发创造力。一是解放学生的头脑。让学生的思维自由发展,鼓励学生积极思考,主动探索和创造。二是解放学生的双手。让学生有动手实践的机会,引导他们手脑并用,发展动手能力和创造力。三是解放学生的嘴。鼓励学生表达自己的想法和观点,大胆提出问题,培养他们的语言表达能力和沟通能力。四是解放学生的眼睛。引导学生观察周围的世界,开阔视野,丰富感性认识。五是解放学生的空间。鼓励学生走出校园,接触大自然和大社会,亲身感受和体验生活。六是解放学生的时间。提倡给儿童足够的自由时间,能学习自己渴望学习的东西,能够自主学习和发展兴趣爱好。陶行知认为,孩子的创造力潜力巨大,应

---

① 华中师范大学教科所. 陶行知全集(第一卷)[M]. 长沙:湖南教育出版社,1983:651.

该给学生提供宽松的学习环境和实践机会，鼓励他们勇于创新和探索，老师应该采用恰当的教学方式，激发学生的学习兴趣和主动性，让孩子在游戏和实践中发挥创造力。陶行知"六大解放"的独到见解，为学生"生活力"的培养提供了行之有效的方法和策略，也是构建综合实践活动生长课堂的目标依据和行动指南。

总之，在陶行知生活教育的理论体系和实践行动中，集中体现了他的儿童生长观。他以爱满天下的情怀，以儿童生长为本的教育观念，践行着"教学做合一"，他的生活教育理论启迪后世，与今天新课改的理念一脉相承，对于新课改背景下构建综合实践活动生长课堂的理解和实施具有重要的理论指导价值。

通过上述文献研究，我们发现杜威和陶行知的思想都为构建和实施综合实践活动生长课堂提供了理论基础。小学综合实践活动生长课堂的教学主张，符合学生心理发展规律和教育规律。

## 二、课程改革的时代要求

当今中国，从核心素养的培育到"五育融合"的推进，再到育人目标的落地，无论是国家层面还是学校层面，都出台了很多的教育政策和要求。培养什么人，为谁培养人，怎样培养人，是党领导教育事业的根本问题。"为党育人，为国育才"是对这一根本问题的科学回答，是我国教育改革发展的根本遵循。2019年发布的《中国教育现代化2035》更加"注重学生全面发展，大力发展素质教育，促进德育、智育、体育、美育和劳动教育的有机融合"，把"五育融合"作为教育发展的重要目标之一，宗旨是要培养能够主动发展的新时代人才。党的十八大提出"立德树人"，在教育教学活动中落实核心素养，把学生培养成德智体美劳全面发展的人才。

《指导纲要》明确提出：综合实践活动课程目标是以培养学生的综合素质为导向，强调学生综合运用各学科知识，认识、分析和解决问题，提升综合素质，着力发展社会责任感、创新精神和实践能力等核心素养。综合实践活动作为一门适应快速变化的社会生活、职业世界和个人自身发展需要而新增设的国家必修课程，其设置的初衷是促进学校课程转型和学生核心素养的发展。

教育部颁布了《义务教育课程方案（2022年版）》（以下简称"新课程方案"）。此次修订，强调以核心素养为导向，将党的教育方针细化为各学科应着力培养的学生核心素养，体现正确价值观、必备品格和关键能力的培养要求，这是落实立德树人根本任务、培养担当民族复兴大任的时代新人的要求。以人为本，以学生的发展为本，是我们今天提出的核心素养的灵魂所在。北京师范大学教育学院教授郭华说："课程目标的素养导向，有利于转变那种将知识、技能的获得等同于学生发展的目标取向，引领教学实践及教学评价从核心素养视角来促进和观察学生的全面发展。"

教育政策和要求的有效落实，影响着学生主动成长的质量和水平。小学综合实践活动生长课堂的实践，正是为了顺应核心素养时代对课堂教学改革的新要求、新动向和新高度，寻找政策和要求能够有效落地的路径，以培养主动发展的人作为根本目的。追求充满生长力的课堂，既是教育理论界的强烈呼唤，也是当前教育教学的一种主动实践。

### 三、优化课堂教学的需求

教学改革的主阵地是课堂，新课程方案和《指导纲要》的理念要高效、准确地实施，必须在课堂上扎根。综合实践活动列入国家必修课程实施已20多年，但目前小学综合实践活动的课堂教学，仍然存在不少问题，主要有以下几个方面。

一是教学理念"缺乏科学"，忽视经验生长。综合实践活动是以学生的直接体验为基础，紧密联系学生自身生活和社会生活，体现综合运用知识的实践性课程。然而，许多教师的课程观、儿童观相对滞后，对综合实践活动的教学理念认识模糊，课堂上，关注更多的是教学内容而非学习者，更多地思考"教师如何教"，忽视了研究"学生如何学"；不重视生活、经验对学生发展的重要性，更多地强调知识技能的训练，忽视学生经验的主动建构。

二是课堂实施"教师主导"，忽视自主生长。从课堂教学来看，缺乏对学生主体地位的尊重，课堂上"喧宾夺主"的现象普遍存在，活动主题、研究问题和研究方法通常是老师直接告诉学生，为了完成自己预定的教学内容，老师往往不愿意放手让学生自己去质疑、实践、讨论……导致学生只能"听命行事"，被动学习，忽视学习活动的深度探究和学生潜能发展的真正推进，对活动过程中产生的问题没有很好的应对策略，缺乏有效的支持策略和教育理念支撑，难以发展学生自主发现、分析和解决问题的能力。

三是活动评价"缺乏方法"，忽视持续生长。评估专家斯蒂金斯认为："任何课堂教学的质量，最终都要看这个课堂所使用的评价的质量。"[1] 审视目前的大多数综合实践活动课堂，大部分教师反映评价缺乏科学的方法，存在为了评价而评价的"形式主义"现象；这种评价无法触及儿童心灵、挖掘潜能，忽视学生学习成果的过程性表现，缺少对学生在活动过程中的参与态度、问题意识、价值体认、思维品质、合作情况等深度评价分析，导致学生在遇到困难时，更多的是寻求家长和老师的帮助，不会自己去尝试探究解决问题。评价主体主要是教师，缺少其他主体的深度参与，缺少学生的自我反思……活动评价丧失了促进深度学习和自我反思的功能，影响核心素养的可持续发展。

上述这些课堂教学行为，在很大程度上反映了"以学习者为中心""以核心素养为导向"的新课程理念，并未得到真正落实。这种现象的本质是教师不注重分析学生的学情，很少从学生的经验和兴趣出发设计和组织活动，学生在活动过程中的困难和感受很少受到关注，对学生问题解

---

[1] 转引自：付振桐，等. 多元视域下的教学模式与评价探究[M]. 北京：中国纺织出版社，2021：193.

决、创新实践等核心素养的培养还没有引起足够的重视。

要解决上述问题，需要进行教育观、教学观、学习观、实践观的改变，即课堂要从"教师中心"转向"儿童立场"，构建"以学为中心"的综合实践活动课堂，尊重学生的主体地位，以学情分析为教学依据，以促进素养的可持续发展为教学活动目的，让教学与儿童经验接轨，最大限度地调动学生的内在积极性，组织学生主动、有质量地参与学习活动。

## 第二节　生长课堂的内涵界定

"生长"本是一个生物学概念，在《现代汉语词典》中，其基本释义为：①生物体在一定的生活条件下，体积和重量逐渐增加：生长期。②出生和成长；产生和增长：他生长在北京/新生力量不断生长。[①] 在《汉语大词典》中，还有"养育"之意。可见，"生长"既说明了生命的存在状态，也说明了发展的目的，就是生命体在自然状态下，通过自我发育，逐步走向成熟的过程。

在汉语中，还有"生成"一词，与"生长"相近。查《现代汉语词典》，其基本释义有：①（自然现象）形成；经过化学反应而形成；产生；②生就。[②] 查《汉语大词典》，还有"长成"之意。

可见，"生成"强调结果，"生长"强调过程。教育无止境，"生长"一词更符合教育的真谛，契合课堂的应然状态。

教育学中的"生长"与生理学中的概念不同，从古代教育理论到当代建构主义教育理论，教育其实都在试图揭示"生长"规律。追溯到 18 世纪，法国启蒙思想家卢梭认为：儿童的教育就是要把儿童当作儿童，遵循儿童的自然发展顺序。基于此，美国著名教育家杜威在《民主主义与教

---

[①] 中国社会科学院语言研究所词典编辑室. 现代汉语词典（第 7 版）[M]. 北京：商务印书馆，2017：1171.

[②] 中国社会科学院语言研究所词典编辑室. 现代汉语词典（第 7 版）[M]. 北京：商务印书馆，2017：1167.

育》一书中提出：教育即生长，教育即经验的不断改造和重组。近代以来，西方教育思想逐渐形成了以卢梭、杜威为代表的儿童本位的儿童成长观。从20世纪二三十年代开始，中国一批学者开始了中国化儿童教育道路的探索。如教育家陶行知从对孩子深刻的爱出发，提出"教育应当培植生活力，使学生向上长"，强调儿童教育一定要服务于儿童的健康成长。华东师范大学叶澜教授提出：让课堂焕发出生命活力。她关注的是师生生命的生长。从"生长"的教育历史中，我们坚信"生长"是自我寻找、自我发现、自我创造、自我实现的过程。"生长"是指在学生现有的发展水平上向上生长。"生长课堂"是"教育即生长"理论和"生活教育"理论在课堂上的体现，是着眼于学生发展的可能性，以追求"生长"为核心价值的课堂教学的组织形式。

笔者提出的小学综合实践活动生长课堂的教学主张，即以儿童生命的本源为基础，遵循儿童的生长规律，尊重儿童的内在需求和个性发展，基于儿童的经验，通过构建有问题、有结构、有任务、有生长力的综合实践活动课堂，给予儿童充分发展的养分，唤醒儿童的主动发展，引领儿童在真实情境中综合运用各学科知识，认识、分析和解决问题，从而实现儿童自由地、主动地、持续地生长，让课堂充满生长的气息，呈现灵活又有深度的样态。

## 第三节　生长课堂的核心特征

"生长中"是儿童最大的特性。这种"生长"不是赋予的、外加的，而是"主体"自觉的、应然的。"生长"具有下面三个特性。

"生长"具有个体性。生长是个体生命的基本特征，更是个体生命的本能体现。由于先天的遗传和后天形成的不同个性，造就了生命的不同个体，其生长方式、成熟序列的差异决定了生命具有个体独特性及在后天发展中的体质差异、认识结构、文化背景等。

"生长"具有自主性。生命本身是具有自主性的，外界因素可以影响它，但代替不了它。孩子"天生"具有认识外部世界、求知于外部世界的天性，表现出自主的态度和行为，自动完成一些生命活动。孩子对世界充满好奇的遐想，乐于追根究底，敢于尝试探索，并在追问、探索、创造的过程中展示自己生命的力量，从中获得生命的意义。

"生长"具有生成性。孩子是未完成的存在，也是非特定化的存在。"未完成性"是指孩子的生命处于不断的变化中。"非特定化"意味着儿童具有无限发展的可能，意味着生命是一个历程，生命是一种有意义的、非确定的过程，儿童的发展永远具有创造性和超越性，永远处于生成之中。

基于"生长"的特性和生长课堂的内涵界定，小学综合实践活动生长课堂，应是"生本"的课堂，也是指向"生成"的课堂，是一个不断向上"生长"的课堂。它应具有下面四大"DNA"（基本特征）。

(1) 有问题的课堂。孔子的"启发式"教育，主张"不愤不启，不悱不发"，学习要围绕"真实问题"展开。小学综合实践活动生长课堂要真正实现学习方式的变革，要从以讲授为中心的课堂转变为以学习为中心的课堂，这中间需要一种媒介，那就是问题。因此，生长课堂要围绕儿童的现实生活创设生活情境，衍生出真实问题，并让学生在真实问题的探究过程中实现能力的提升和思维的生长，让课堂教学焕发生机活力。

(2) 有结构的课堂。现实中不少老师的课堂教学是碎片化的，让学生学习碎片化的知识，进行一些碎片化的训练。这样学生很难建立知识之间的横向联系，只见树木不见森林。儿童生长的过程是一个复杂多变的动态过程，因此，小学综合实践活动生长课堂应是有结构的课堂，要围绕活动主题设计整体性、综合性的活动内容，让学生经历主题生成、活动策划、活动实施、展示汇报、总结评价等活动的全过程，从而获得经验的整体建构，凸显综合学习的价值。

(3) 有任务的课堂。学生的核心素养是在一个个任务的完成过程中发展的。因此，小学综合实践活动生长课堂应体现实践性的本质特征，以多种形式的活动任务为载体，链接学生的生活，整合学习情境、学习内容、学习方法和学习资源，将学习与学生的生活和经验接轨，引导学生综合运用多学科知识完成一个个探究任务，让课堂呈现深度学习的样态。

（4）有生长力的课堂。用"生长力"来观照课堂，综合实践活动生长课堂应该是一种以"自由、主动、持续生长"为基调的具有生命意义的活动。

首先，生长应是"自由"的。自由即充满生长活力——着眼于教学主体，强调师生充满活力，课堂生机勃勃，师生共同成长。主要体现三个"有"：有温度，教师真实地与学生共同成长，耐心地陪伴学生成长，营造民主平等、宽松自由的课堂氛围，让每个儿童能充盈在允许他生长的全部空间中结出丰花硕果。有不足，允许学生"犯错误"，不同的"种子"和不同的生长"条件"，造就不同的个性、人格，课堂上要尊重学生的差异，鼓励学生大胆尝试，允许不完美的课堂。有生成，课堂有师生的真情、智慧、思维、能力的投入，有师生、生生互动的过程，让不同的学生都可以投入地思考、真诚地表达，个性地展示成果，畅谈收获与反思……在多向合作交流中得到思维的碰撞、情感的共鸣、素养的提升。

其次，生长应是"主动"的。主动即自主驱动生长——着眼于教学内容形式，强调内容的综合性、资源的开放性、手段的多样性。主要体现两个要求：一要将课堂让给学生，把时间让给学生，把空间让给学生，把权利让给学生，为每一位学生提供自主学习的机会，唤醒每一位学生的学习欲望，激发学生积极、主动、投入的生长状态。二要将课堂向学生的生活世界开放，向体验和经验开放，由唯一性向多样性、选择性、可能性开放，让他们主动实践、主动思考、主动沟通与合作，在发现和解决问题的自觉行动中，寻找到适合自己的生长方式，从"想学"到"会学"到"学好"，发展自主学习能力。

最后，生长应是"持续"的。持续即不断得到发展——着眼于教学评价，强调目标的达成，注重学习可见，体现教学评的一致性。叶澜教授说过：在一节课中，学生的学习首先应该是有意义的。初步的意义是他学到了新的知识，进一步是锻炼了他的能力；往前发展是在这个过程中有良好、积极的情感体验，产生进一步学习的强烈要求；再发展一步，是他越来越会主动投入到学习中去。学生上课，"进来以前和出去的时候是不是有了变化"，如果没有变化就没有意义。因此，生长力的课堂应该是有意义的，要让学生获得"持续生长"的可能，让每一位学生的潜能得到最大限度的发展，培养独立思考的习惯，激发发散性思维和批判性思维，提高实践创新能力，促进综合素养的发展。主要体现四个"有"：眼中有人：分析起点，了解学生已有的知识技能、思维方式、学习困惑是什么；胸中有度：基于课标和学情制订目标，明确希望学生获得哪些方面的生长；脚下有路：以学定教，动手动脑，经历实践探究的成长过程；手中有标：学评一体，以评促学，知道学生是否获得了生长。

总之，"综合实践活动生长课堂"赋予学生成长过程中生命意义的建构，应该是关注生命、联结生活、注重生成的理想场所，是师生持续创造生命智慧、共生发展的理想场所。

# 第二章 生长课堂的实践探索

## 第一节 内容开发：站在生长的真实世界

2017 年教育部新颁布的《指导纲要》中提出："综合实践活动的课程开发要面向学生完整的生活世界，引导学生从日常学习生活、社会生活或与大自然的接触中提出具有教育意义的活动主题。"每一位儿童就如同一粒种子，课程内容是学生成长的"土壤"，只有选准"土壤"，才能滋养"种子"自然生长。构建"生长课堂"，教师要转变传统的教育观念，树立课程资源的开发意识，站在儿童生长的真实世界，开发符合儿童生长环境和成长需求的综合实践活动课程内容。

### 一、尊重儿童兴趣，发挥生长"内驱力"

追求"生长课堂"，教师首先要善于分析学情，尊重生长主体，鼓励学生从自身成长需要出发，基于学生已有经验和兴趣专长，开发出适合儿童发展需要的课程内容。教师可以设计如下表 2-1 所示的问题调查表，引导学生对生活、自然、社会进行观察和思考，有意识地去认识和体验以往非常熟悉的周围生活，提出自己感兴趣的问题，从而筛选形成活动主题。

**表 2-1 小学综合实践活动期初问题调查表**

| 记录人 | |
|---|---|
| 你对身边哪些问题感兴趣 | |
| 在这些问题中，你最关注的问题是什么 | |
| 说说你关注的理由 | |

如，通过问题调查，我们发现学生们有的想学做果汁，有的想了解清

除小标签的妙招，有的对动物的奥秘感兴趣，有的想走进社会参与职业体验……于是，教师就可以基于学生的兴趣和已有经验来筛选确定主题，生成"美味果汁我制作""我喜欢的动物""跟父母上一天班"等一个个学生们喜欢的活动主题。由于这些活动主题是学生们从自身的兴趣出发，从自身的经验出发，是为了解决真实问题而产生的，因此可以更好地发挥学生的主动性和积极性，引导学生主动发展。

因此，小学综合实践活动的生长课堂，倡导要从学生的生长原点出发，基于学生的兴趣和已有经验来选择主题，才能让儿童在课堂中更主动地、自然地吸收生长。

### 二、挖掘本土资源，丰富生长"营养素"

每个学生成长的环境都蕴藏着丰富的课程资源。综合实践活动生长课堂，倡导充分挖掘学生所处的校园、家乡中丰富的课程资源，让学生从熟悉的、真实的情境中去发现问题，转化为活动主题。由于这些主题看得见，摸得着，于是他们能在熟悉的、肥沃的"土壤"中，更主动地融入到丰富的课程资源中探究实践，展现出成长的生机与活力，获得成长最适合的"营养素"。

例如，晋江市中和中心小学重视生命化教育，着力打造交通文化特色，校园里交通文化氛围浓厚，交通模拟区、交通游戏棋、交通宣传橱窗……成为一道道亮丽的风景线。学校充分挖掘这些交通文化资源，开发了"小眼睛看大交通""交通模拟区 QQ 堂""巧手设计交通宣传品"等综合实践活动主题活动，让学生们可以利用校园和周边丰富的交通资源，调动自己关于交通的已有经验，真实地参与到新的交通问题的解决中，获得真实的体验和感受，进一步提高安全自护能力，提高遵守交规的自觉性，增强"小手拉大手"的责任意识，也促进了综合素质的发展。

另外，家乡也是学生成长熟悉的环境。教师要善于挖掘家乡文化、经济、地理、历史等乡土资源，因地制宜，开发综合实践活动主题，让生长课堂充满"地方气息",更好地涵养学生的家国情怀,增强文化自信。如,晋江市第六实验小学挖掘家乡经济特色资源,开发了"走进家乡食品文化"系列综合实践活动,开展了"走进糖果市场""糖果包装 DIY""糖果研发 Go Go Go"等主题活动,学生们在这些活动中丰富了对家乡经济的了解,提升了对家乡企业各种职业的认识,激发了热爱家乡,为家乡作贡献的情感。

## "糖果研发 GO GO GO"综合实践主题活动方案

**活动背景**

晋江市第六实验小学地处晋江市罗山街道。食品行业是罗山街道的支柱产业。经过几年的快速发展,罗山街道已拥有食品企业200多家,年产值10多亿元。我校充分挖掘家乡的特色资源,以"罗山糖果文化"为载体,开发了一系列校本化的综合实践活动课程内容,让学生在不同年级经历调查、参观、设计制作、社会实践、职业体验等活动,发展实践和创新能力,激发学生们从小了解家乡、热爱家乡的情感,培养社会责任感。"糖果研发 GO GO GO"就是五年级开发的有关职业了解方面的综合实践主题活动。本主题活动旨在让学生在模拟参与糖果产品开发流程的职业体验中,进一步提高对职业的了解,发现自己的能力、兴趣和潜能,形成初步职业兴趣。

**活动总目标**

1. 通过模拟参与糖果产品开发流程的职业体验,进一步感知不同职业的特点,加深对职业的概念。

2. 在体验过程中,发现自己的能力、兴趣和潜能,形成初步职业兴趣。

3. 通过参与模拟市场调查,初步学会通过问卷调查等形式收集、分析和运用信息,体会市场调查的重要性。

4. 在参与产品设计研发过程中，接触一些简单的糖果生产技能，体验创造带来的乐趣。

**活动对象**

五年级学生

**活动时长**

4课时＋课外

**活动简要流程**

| 活动阶段 | 课时 | 学生主要活动 | 教师指导策略 |
| --- | --- | --- | --- |
| 第一阶段 | 1课时 | 1. 发布征集令，接受糖果研发任务<br>2. 观看采访视频，了解糖果研发流程<br>3. 参与模拟活动，体验糖果研发流程<br>(1) 前期市场调查，获取有用信息<br>(2) 基于数据分析，提出设计构思<br>(3) 根据初步设想，进行模拟打样<br>(4) 班级投票评选，筛选设计构思<br>(5) 课后拓展延伸，后期市场调查 | 1. 通过发布征集令，激发学生参与糖果研发任务的积极性<br>2. 引导学生交流从视频中了解到的糖果研发的一般流程，梳理出流程图<br>3. 引导学生对前期调查数据进行分析，获取关于造型设计的有用信息<br>4. 引导学生基于数据分析，围绕糖果的造型提出设计构思，并画出草图<br>5. 指导学生用超轻彩泥将自己的设计构想呈现出来<br>6. 通过组织全班对设计构想进行投票评选，筛选出较受欢迎的造型设计<br>7. 通过谈话让学生明白投入生产制作之前还得进行更大范围的市场调查 |

续表

| 活动阶段 | 课时 | 学生主要活动 | 教师指导策略 |
|---|---|---|---|
| 第二阶段 | 1课时＋课外 | 1. 全班讨论交流，制订对筛选出的设计构思进行后期市场调查的方案<br>2. 按照方案实施市场调查活动 | 1. 引导学生提出多种市场调查方法，并通过分析比较，确定实施方案<br>2. 组织学生按照方案进行市场调查活动，指导学生合理分工，活动过程中教师跟踪指导，也可邀请家长参与指导 |
| 第三阶段 | 1课时 | 1. 对后期市场调查结果进行统计分析<br>2. 整理建议书，提交好邻居产品研发中心 | 1. 指导学生统计分析调查数据，推选出2~3种糖果造型的优秀设计构思<br>2. 出示建议书范例，指导撰写建议书 |
| 第四阶段 | 1课时 | 1. 畅谈收获与反思<br>2. 填写活动评价表 | 1. 指导学生从"我的收获""我最满意的地方""需努力的地方"等方面进行总结和反思<br>2. 指导学生对照活动评价表的评价项目进行实事求是的评价 |

**各课时具体组织过程样例**

## 第一阶段（1课时）

**活动目标**

1. 通过发布征集令，激发参与糖果的产品研发任务的积极性。

2. 通过观看采访视频，了解糖果产品研发的一般流程。

3. 通过参与模拟糖果市场调查，初步学会对调查数据进行分析和运用，体会市场调查的重要性。

4. 通过参与模拟糖果的造型设计，进一步发展创新思维和实践能力，从中发现自己的能力、兴趣和潜能。

**活动准备**

学生：（1）收集了解市场上各种糖果的造型；

（2）填写糖果市场调查问卷。

教师：（1）设计糖果市场调查问卷，通过问卷星对全校学生进行调查，收集调查数据；

（2）录制采访视频；

（3）制作投票统计图；

（4）准备打样材料；

（5）制作教学课件。

**活动过程**

**一、发布征集活动，接受糖果研发任务**

1. 发布征集令：今年六一儿童节前，好邻居食品有限公司要完成棒棒糖的产品研发任务。想请同学们帮忙设计一些儿童喜欢的棒棒糖，积极参与的同学可获得"参观体验券"，到好邻居公司亲自见识糖果研发的过程。

2. 揭示课题：这次活动就让我们一起来参与棒棒糖的研发吧！（板贴课题）

**二、观看采访视频，了解糖果研发流程**

1. 交流已有经验：你们知道糖果研发一般要经历哪些流程吗？

2. 播放采访视频，师生共同梳理出糖果研发的基本流程。（板书形成以下流程图）：

前期市场调查→提出设计构思→打样→筛选设计构思→后期市场调查→投入生产制作

**三、参与模拟活动，体验糖果研发流程**

（一）前期市场调查，获取有用信息

1. 课件出示调查问卷，回顾前期市场调查情况。

2. 出示有关造型设计的调查数据，教师引导学生交流从中获取的有用信息。

3. 确定设计方向：通过市场调查分析，我们发现不少消费者会因为棒棒糖的造型而购买，这节课就让我们先来进行棒棒糖造型研发。（板书：造型）

（二）基于数据分析，提出设计构思

1. 交流初步设计构想：基于调查数据分析，你想设计一个什么造型的棒棒糖呢？

2. 独立思考，尝试画出想设计的棒棒糖的造型。

（三）根据初步设想，进行模拟打样

1. 课件出示活动要求：（1）独立或与他人合作将设计构想用彩泥呈现出来；（2）作品完成后请按顺序摆放到展示台上；（3）时间10分钟。

2. 生用彩泥模拟打样，师巡视指导。

（四）班级投票评选，筛选设计构思

1. 进行投票评选。课件出示活动要求，每个同学选出最喜欢的两种棒棒糖的造型设计，将点赞糖贴到投票统计图上的相应位置。

2. 交流筛选理由。根据投票结果筛选出较受欢迎的棒棒糖造型设计，请学生交流喜欢的理由，教师适时板书。

（五）课后拓展延伸，后期市场调查

1. 活动小结。

2. 提出下阶段任务：进行更大范围的后期市场调查。

## 三、注重内容整合，突出生长"综合性"

今后的社会需要具有创新精神的综合型人才。《指导纲要》指出："综合实践活动课程的内容组织要结合学生发展的年龄特点和个性特征，以促进学生的综合素质发展为核心，均衡考虑学生与自然的关系、学生与他人和社会的关系、学生与自我的关系这三个方面的内容。对活动主题的探究和体验，要体现个人、社会、自然的内在联系，强化科技、艺术、道德等方面的内在整合。"因此，生长课堂中，教师应强化综合意识，加大学科知识之间、校内外课程资源的整合力度，精选综合性内容，鼓励学生综合运用不同学科的知识和思维解决复杂问题，从中培养应对未来生活的综合运用、团队合作、批判质疑、创新实践、责任担当等跨学科素养。

例如，在"我与校园植物交朋友"跨学科主题活动中，教师围绕校园植物，引导学生提出感兴趣的问题，筛选归纳出三个核心问题"你了解校园植物吗""校园植物如何挂牌""校园植物如何养护"，设计了"校园植物知多少""为校园植物做名牌""校园植物我养护"三个相应的活动任务，引导学生运用科学、美术、信息科技、劳动、语文等学科知识，整合课内外教学资源，在实地考察、设计制作、服务体验等多种形式的活动任务中，丰富对校园植物的认识，进一步培养学生勇于探究、问题解决、实践创新、责任担当等核心素养，增强环保意识，突出综合学习的价值。

## 第二节 策略运用：遵循自主的生长方式

最先将"模式"一词写入教学领域，并加以系统研究的人，当推美国的乔伊斯（B. Joyce）和韦尔（M. Weil）。乔伊斯和韦尔在《教学模式》一书中提到："教学模式是构成课程和作业、选择教材、提示教师活动的一种范式或计划。"[1] 将"模式"一词写入教学理论中，是想以此来说明在一定的教学思想或教学理论指导下建立起来的各种类型的教学活动的基本结构或框架，表现教学过程的程序性的策略体系。课堂教学要真正成为学生素养生长的重要场所，教师在开展综合实践活动时需要遵循学生自主的生长方式，构建与之匹配的教学模式来组织教学活动，才能更好地让"生长课堂"的教学思想在实践中落地生根。在主持福建省教育科学 2017 年

---

[1] （美）乔伊斯. 教学模式 [M]. 荆建华，等译. 北京：中国轻工业出版社，2002.

度规划课题"构建适合儿童经验生长的综合实践活动课堂的实践研究"中，我们课题组通过教学实践和文献研究等方法，对"生长课堂"教学模式和教学策略进行了探索，提炼出了综合实践活动生长课堂的一般性教学模式（见下图2-1），有利于学生构建个性化经验系统，推动"生长课堂"的教学主张在实践中落到实处。

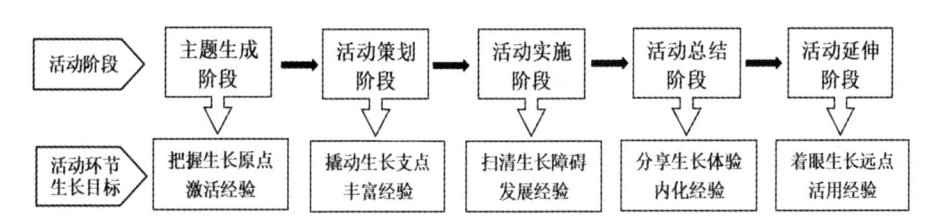

| 活动阶段 | 主题生成阶段 | 活动策划阶段 | 活动实施阶段 | 活动总结阶段 | 活动延伸阶段 |
| --- | --- | --- | --- | --- | --- |
| 活动环节<br>生长目标 | 把握生长原点<br>激活经验 | 撬动生长支点<br>丰富经验 | 扫清生长障碍<br>发展经验 | 分享生长体验<br>内化经验 | 着眼生长远点<br>活用经验 |

图 2-1　小学综合实践活动"生长课堂"的一般性教学模式框架图

从以上框架图来看，构建综合实践活动"生长课堂"可以综合实践活动的五个阶段：即主题生成阶段、活动策划阶段、活动实施阶段、活动总结阶段、活动延伸阶段开展。基于五个螺旋上升的活动环节与生长目标，从学生的经验出发来设计和组织教学活动，引领学生经历"激活经验—丰富经验—发展经验—内化经验—活用经验"的生长过程，引领学生从生长的原点通往"远点"，从而更好地实现"生长课堂"的预期目标，切实发挥综合实践活动学科的育人价值。当然这个教学模式并不是一成不变的，需要根据综合实践活动不同领域的活动内容和方式进行调整。

"生长课堂"的教学模式规划了课堂的教学结构，但是，如何结合具体活动内容设计促进学生素养生长的教学策略是活动得以有效实施的关键。课题组在教学实践中不断尝试、反思、总结出了一些具体的教学策略。

## 策略一：把握生长原点，创设问题情境

学生在活动之前并不是一无所知的，他们在各学科学习和生活阅历中积累了一定的经验，这是一笔宝贵的财富，是经验生长的根。这些经验是需要被激活的。因此，在"生长课堂"的主题生成阶段，教师要尊重生长

主体，把握学生生长的原点，从学生的自身成长需要出发，基于学生的已有经验和兴趣，重视和盘活这笔资源，通过创设问题情境等手段来激活学生和活动内容相关的已有经验，将学生个体已有经验暴露出来，激发学生自觉参与活动的欲望。

## （一）深入生活实际发现问题

综合实践活动主题来源于学生的现实生活，学生在现实生活中会遇到许多问题，这就为我们创设情境奠定了基础。如，在开展"我为校园制作警示牌"主题活动时，教师让学生分小组深入校园不同区域进行实地考察，看看学校哪里还需要制作警示牌。一提起要让大家离开教室到学校去实地考察，学生们可乐了，积极性很高。通过实地考察，学生们发现校园里在安全、环保、文明行为等方面还存在问题，并提出了自己制作警示牌的设想，收到了较好的效果。在开展"我为校园周边交通献一计""走进国贸电脑城"等活动时，教师引导学生深入实地，到实际生活情境中去发现问题，从而激发了学生解决问题的欲望。

## （二）巧用任务驱动提出问题

在综合实践活动中我们也常常会创设一定的任务情境，使学生明确任务的意义，"顺理成章"地提出活动任务。在"清除小标签"的活动中，教师创设了这样一个任务情境：

师：昨天老师到超市买了一些东西（出示刚从超市买回来的一些物品），你们看，这些物品上面都贴着什么？

生：标签。

师：你们觉得贴着这些标签怎样？

生：贴着不好看，不卫生……

师：是啊，老师也觉得这些小标签很讨厌，很想把它清除掉，可是有的很顽固总撕不干净，你们瞧（展示标签撕不干净的物品）！大家能不能帮老师想想办法来清除这些小标签呢？

"帮老师解决小难题"的任务一抛出，学生们的兴趣和思维立即被激发起来了，促进了后面的猜想和验证活动的顺利开展。

可见"任务"直接影响活动效果，"任务"的设计至关重要，一个个真实的、贴近学生生活的任务，能更好地引起学生的共鸣，激发参与的积极性，使学生有事可做、有话可说。因此，让学生自觉、自主地学习，要以生活中的情境和学生的需要来设计任务，这样才能唤起他们的学习兴趣。

### （三）创设观察情境激发问题

在科学探究中，只有通过深入细致的观察，才能有所发现，有所创造。因此，综合实践活动中可以创设一定的观察情境，让学生在观察中自己发现问题、提出问题，从而想方设法去解决问题。在执教"走进水果王国"时，教师让学生每人带一样水果来班里，在小组中互相介绍，观察水果的形状和特点。教室里立即沸腾开了，学生们的兴趣都聚焦到水果上。教师趁热打铁，引导学生提出想探究的问题，于是"吃水果有什么好处""怎样挑选西瓜""咳嗽吃什么水果好"等一个个问题就产生了。又如，在"制作纸浆贴画"主题生成课上，教师分给各组一个装着纸浆贴画作品的袋子，让其通过摸一摸猜想里面装着什么，接着让学生打开袋子看看有没有猜对，学生很快地对纸浆贴画这一新事物产生了兴趣，教师及时抓住契机，引导学生进一步观察，提出一个个关于"纸浆贴画"的问题，很好地激发了学生制作纸浆贴画的兴趣。

### （四）体验探究乐趣引发问题

要激发学生的探究动力，培养其好奇心、求知欲，应根据学生的身心发展规律，创设学生感兴趣的情境。在"风车转转转"的活动中，教师创设了一个探究情境，让学生在小组中进行比试，比一比谁的风车转得快，从而引发出"为什么他的风车转得比我的快"等一个个问题；在"夹玻璃球的秘密"活动中，创设了一个游戏比赛的情境，让学生在小组中比一比相同时间内谁夹出的玻璃球数量最多，在活动过程中，教师引导学生认真观察，提出自己的发现和想探究的问题，从而生成了后面的"改进工具比赛"。这些情境的创设贴近学生的生活，既可以让学生动起来，激发学生的兴趣，又能使学生积极主动地探究学习，顺利地实现课程目标。

  总之，在"生长课堂"的主题生成阶段，不论是教师直接提供课题还是师生讨论生成课题，不管是依托社区资源还是从学生的兴趣出发，都可以创设一定的问题情境。问题情境创设的方法是多种多样的，可以是在真实的情境中让学生感受和体验，从中发现问题，提出问题；也可以是教师经过精心构思，创设一个虚拟的情境，其形式可以是故事、猜谜语，可以是现实案例，可以是某段生活场景，也可以是教师带有指向性的即兴创作。但不管何种形式的情境，原则上应该是学生活动场所必需的适宜的情境，应该与教学目标紧密结合，与学生的生活紧密联系，能够创造出学生活动所需要的氛围。这样着眼于学生的"最近发展区"，创设情境引出话题，激活学生的生长原点，有利于在学生的经验交流中发现他们的兴趣点，唤起他们的求知欲，从而生成活动主题，为后面活动的开展奠定良好的情感和认知基础。

## 策略二：撬动生长支点，促进深度互动

  在综合实践活动的策划阶段，制订科学合理的活动方案是每一个主题活动有效开展的基础，是活动实施阶段的线路图。但是在该阶段，我们不难看到"完全放手""包办代替"等指导不当的问题与现象，这不仅会影响学生制订方案基本技能的掌握，也会影响后面活动的有效开展。美国心理治疗师萨提亚著名的"种子"理论认为，每一位儿童就如同一粒种子，内蕴成长的潜在资源，需要唤醒，而不是灌输。因此，在"生长课堂"的活动策划阶段，教师要采取有效的策略指导活动方案的制订，要撬动生长支点，搭建多维互动交流的平台，聚焦问题引发对话交流，促进学生经验的自主建构。

### （一）情趣先导诱发动机

  美国教育家布鲁诺说："学习的最大动力乃是对所学材料的兴趣。"学

生的参与兴趣会直接影响方案制订的效果。教师可通过"做事没计划，盲人骑瞎马""一份具体可行的方案是活动成功的关键"等富有启发性的名言警句，让学生们认识到方案制订的重要性。还可以设计一些情境来诱发动机，调动学生制订方案的积极性和主动性。如，在开展"我的市场我策划"活动中，教师通过课件播放上届跳蚤市场的照片，将学生们再次带入跳蚤市场热闹、快乐的场景中，最后定格在一张摊点生意冷清的照片上，这时学生们的视角都聚焦到了"为什么这些摊点生意冷清"的问题上来，经过讨论大家一致认为：为了在本届跳蚤市场上生意红火，应该制订一份成功的活动方案，特别要好好策划一下促销活动。可见教师创设的情境已有效地诱发了学生制订方案的动机，达到了预期的效果。

### （二）扶放结合指明方向

有动机还得有方向。对于小学生来说制订活动方案有一定的难度，因此，教师要允许学生有一个从模仿到创造的过程。中年段，主要以"扶"为主，可以提供一些成功的范例给学生参考，通过阅读、质疑、讨论、讲解等环节，初步了解方案构成的基本要素和要求，为创造性地制订方案奠定良好的认知基础。到高年级，学生们对活动方案的制订比较熟悉后，就可以逐步放手让学生自主制订方案，以"放"为主，扶放结合。在开展"巧手设计交通游戏棋"活动时，由于学生在四年级已有过制订设计方案的经验，所以教师没有再提供范例，而是让学生根据已有的经验，讨论这次活动的设计方案要包括哪些要素，从而共同梳理形成小组设计方案表，如下表 2-2 所示。

表 2-2　"巧手设计交通游戏棋"小组设计方案表

| 游戏棋名称 | |
|---|---|
| 设计目的 | |
| 游戏规则 | |
| 制作步骤 | |
| 棋盘草图 | 可另附 |

续表

| 游戏棋名称 | |
|---|---|
| 材料与工具 | |
| 小组分工 | |
| 预期的困难与解决办法 | |

　　教师没有逐一讲解表格中各要素如何填写，而是让学生质疑，再给予针对性指导。如，不少学生提出不知道如何画草图，于是教师就引导学生观察收集到的各种游戏棋的棋盘，通过交流了解棋盘草图的基本要素；接着出示草图范例，让学生了解手绘草图的特点，从而解决了这个难点，提高了课堂效率。综合实践活动不同领域的活动要制订的方案的基本要素也不尽相同。教师要根据不同活动的需要指导学生制订相应的活动方案，正确处理扶放的关系，才能做到有的放矢。

### （三）留足时间自主策划

　　活动方案的基本要素确定后，老师应放权给学生，留足时间，引导学生通过小组合作进行自主策划，对方案中各要素进行一一细化，让学生发挥集体智慧，在自由的思维空间里，在讨论，甚至争论中达成共识。如：xx小组在制订"零用钱小调查"活动方案中，讨论确定出了具体的"调查内容"：同学的零用钱是哪里来的？同学每个星期的零用钱大约有多少？同学一般怎样使用零用钱……也对"活动步骤"进行了详细安排：①确定调查对象；②设计调查问卷；③开展调查活动；④统计分析调查结果；⑤撰写调查报告；⑥进行成果汇报……这样经过细化的活动方案才能真正起到规划活动的作用。

　　也许他们制订的方案不够完善，甚至漏洞百出，但这种现象才是一种能力提高与技巧生成的自然过程。在这一环节，教师不能干涉太多，也不要只当个旁观者，而应深入各小组中去，及时给予帮助和评价，如发现有的主题没人选择，而有的主题多个小组选择，要及时引导调整，以避免研究内容的局限性；发现有的组长组织有序、组员能积极发表意见，可及时点出亮点之处鼓励其他组学习。在巡视中教师还要有意识地发现有代表性的问题作为后面展示评议的重点，这样才能更好地发挥教师作为指导者、参与者、帮助者、促进者的作用。

（四）问题对话深化思考

学生在制订活动方案的过程中，由于自身阅历及认知水平的限制，很容易出现考虑不全面、线条太粗等现象，因此开展班级交流论证，修订活动方案是非常必要的一个环节。学生初定方案后，教师要善于创设积极的学习环境，给学生创设跟同伴和老师表达自己经验的机会，引导学生聚焦问题展开讨论交流，在相互合作、交流，互相启发中看到那些不同于自己的观点，完善对事物的理解，在交流中丰富、拓展个人的经验。

1. 在问题对话中分析解决问题。俗话说："当局者迷，旁观者清。"在活动策划阶段，当学生初步完成考察活动方案、设计方案、社会服务计划等，教师需要给学生创设展示评议方案的机会，让学生在交流中发现问题，在问题对话中分析解决问题，提高活动规划能力。例如，在"创意月历我制作"活动中，当学生完成创意草图后，各组初次拟定的月历设计草图难免存在问题，如："月历超人"小组想在月历上装饰一个队徽，可是很难固定住；"喜气洋洋"小组想用猴子尾巴当挂钩，却没有考虑到主题和年份不相符……于是教师让各组上台介绍设计草图，并引导其他同学评议："他们的设计草图设计得怎样？"于是大家纷纷提出各自的意见和建议，有的建议"喜气洋洋"小组把小猴改成了小羊，有的建议把羊角改成挂钩……各个小组在师生、生生互动对话中，在质疑、评议、争辩中，经历经验的碰撞和融合，形成不同性格特点、知识结构、思维方式的优势互补，学生规划活动的思考过程逐渐从表面、粗浅走向深入和周密，使方案真正起到规划整个活动的作用。

2. 在问题对话中给予归纳提升。在问题对话中教师要善于灵活、恰当、适时地进行小结，才能更好地促进学生归纳、提升和拓展相关的经验。因此，教师自身经验的丰富性直接影响到提升和拓展学生经验的质量。假如教师自身经验缺乏，那他只能重复学生的经验，或者让学生获得的经验也是零碎的，更无经验提升可言。因此，"生长课堂"中教师要丰富自身对主题活动涉及的知识和技能等方面的经验，才能在问题对话中更好地发挥教师的指导作用。在"创意月历我制作"活动策划阶段，当学生确定要制作月历后，教师就请学生把带来的月历拿出来观察，并思考：不同月历有什么相同点和不同点？于是学生们纷纷交流了自己的发现。这时学生交流的是他们在观察中获得的直接经验，此时，教师适时归纳小结：原来大部分月历都由月历卡和支架组成。但是它们在造型、主题、排版、材料等方面却有所不同，从而为学生指明了创意方向。为了激发学生的创意灵感，教师又和学生们分享了一些富有创意的月历图片，并让他们围绕"你喜欢哪个月历，为什么"等问题展开交流。有的同学说喜欢椅子台历，因为它用椅子代替支架，造型美观，于是教师适时归纳出：像这种用一种物品代替另一种物品的方法就叫"代一代"；有的同学说喜欢笔筒台历，教师又引导他们发现把这种在一个物体上增加某些东西的方法叫作"加一加"……这些创意方法的适时归纳使学生原有的各自零星的经验得以提升，促进了学生创新思维的发展。

  在生长课堂的活动策划阶段，教师要构建民主、平等、协作、创新的学习氛围，把提问权、质疑权、交流权、评价权向每一个学生开放，在方法选择、创意思路、方案论证、问题解决等关键问题上，引导师生、生生之间进行深度互动，撬动生长支点，使思维在对话中碰撞，使情感在对话中交融，达到有意义的深度学习，让素养在儿童的自主建构中生长。

# "走进刘氏宗祠 探寻忠孝文化"综合实践主题活动方案
## (中期反馈课)

**活动背景**

东石塔头刘村是晋江市第一批革命老区基点村之一。1936年,中共地下党人朱汉膺来到塔头村,在刘氏宗祠(旧塔头中山学校,现廷都中心小学旧校址)以校长身份为掩护,传播革命火种,涌现出了刘廷都等一个个革命烈士。刘氏宗祠历经了风雨的洗礼,见证了塔头刘氏族人艰苦奋斗、发愤图强的历程,祠堂里的联文、碑记,忠孝传家的故事都蕴含着忠孝文化内涵。廷都小学坚持以红色文化作为学校的办学特色,开展了祭扫烈士墓、每班有红歌等丰富多彩的活动,六年级的学生对家乡的红色文化已有了一定了解,但是对刘氏祠堂中蕴含的忠孝文化内涵却了解甚微。因此,充分发挥刘氏祠堂文化"以德育人"功能,进一步引导学生了解和传扬忠孝传统文化,是一个值得研究的课题。本主题活动以考察探究为主要活动方式,旨在组织学生带着问题走进刘氏宗祠,通过实地观察、访谈、查阅资料等方法,从中深刻领悟忠孝文化的内涵,激发爱国爱乡情怀,培养大胆尝试、积极寻求有效问题解决方法的核心素养。

**活动总目标**

1. 通过知识竞答、分析资料等方法,产生走进刘氏祠堂探寻忠孝文化的兴趣,能围绕主题提出研究问题,设计考察方案,进一步提升活动规划能力。

2. 带着问题走进刘氏祠堂,通过实地观察、访谈、查阅资料等方法,获取刘氏祠堂中有关忠孝文化的历史、建筑、人物、故事等材料,培养大胆尝试、积极寻求有效问题解决方法的核心素养。

3. 通过展示评价考察探究成果,形成对家乡忠孝传统文化的初步认识,激发爱国爱乡情怀,培育民族精神,增强传承忠孝传统文化的意识。

**活动对象**

六年级学生

**活动时长**

课内4课时＋课外2课时

**活动的简要流程**

| 活动内容 | | 课时 | 课堂主要活动 | 教师指导重点 |
|---|---|---|---|---|
| 活动准备阶段 | 激趣揭题 | 课内1课时 | 一、创设情境，激发活动兴趣<br>1. 出示学校变迁的照片，小组竞答<br>2. 观看校史短片<br>3. 揭示活动主题 | 一、激发活动兴趣的指导<br>1. 营造小组竞答的游戏氛围<br>2. 选择学生熟悉的校址变迁的照片，在竞答中唤醒已有经验、生成主题 |
| | 初识宗祠 | | 二、观看视频，初步认识宗祠<br>三、讨论交流，策划研学方案<br>（一）探究牌匾，明确研学目的<br>1. 探究牌匾的作用、内容<br>2. 提出关于牌匾的其他想探究的问题<br>3. 现场采访<br>4. 教师小结归纳，提出研学目的<br>（二）交流经验，了解研学任务<br>（三）讨论交流，做好行前准备<br>1. 确定研学时间<br>2. 确定出行方式<br>3. 讨论所需物品<br>4. 讨论注意事项 | 二、初识宗祠的指导<br>1. 什么是宗祠<br>2. 宗祠的作用<br>3. 宗祠中一般有哪些物件<br>三、策划班级研学方案的指导<br>（一）明确研学目的的指导<br>研学目的：走进刘氏宗祠选择一件物件去研究它的名称、内容、含义、故事等，从中发现有关的忠孝文化<br>（二）了解研学任务的指导<br>一看（到宗祠参观）<br>二找（找一件物品作为研究对象）<br>三想（想想从这件物件中可以了解到什么，与忠孝有关吗？记录下来）<br>（三）做好行前准备的指导<br>1. 研学时间：30日下午第三节课 |
| | 策划研学方案 | | | |

续表

| 活动内容 | | 课时 | 课堂主要活动 | 教师指导重点 |
|---|---|---|---|---|
| | | | 四、课堂小结，提出后续活动 | 2. 出行方式：排队步行<br>3. 所带物品：相机、笔记本、笔……<br>4. 注意事项：注意安全、遵守规则等 |
| | 开展研学活动 | 课外1课时 | 按照研学方案走进刘氏宗祠开展研学活动，探寻宗祠中蕴藏的忠孝文化 | 开展研学活动的跟踪指导：<br>1. 寻找跟忠孝文化有关的研究对象<br>2. 通过观察、研读文字和图案等内容获取相关信息<br>3. 及时做好考察记录 |
| 活动实施阶段 | 中期反馈 | 课内1课时 | 一、前期回顾，汇报研学成果<br>1. 出示照片，回顾前期研学活动<br>2. 各组汇报研究对象及研究成果<br>二、提出困难，讨论解决办法<br>1. 各组汇报困难和继续探究的问题<br>2. 全班讨论解决办法，教师适时补充<br>三、讨论交流，制订二次方案<br>1. 小组讨论制订再次探究方案<br>2. 小组汇报方案，师生评议<br>3. 各组修改完善方案<br>四、总结延伸，提出后续活动 | 一、汇报研学成果的指导<br>1. 选择的研究对象和发现的信息是否与忠孝文化有关（牌匾、碑文、旗台、对联……）<br>二、讨论解决办法的指导<br>选择适合可行的研究方法解决问题<br>1. 访问（老人协会的爷爷奶奶们、刘氏族长、退休教师、原村委会文书刘东升、革命烈士的亲人）<br>2. 查阅资料（书籍：《塔头刘村》《峥嵘岁月》；塔头刘村公众号；宣传栏；网络；媒体：晋江电视台）<br>三、制订活动方案的指导<br>1. 研究方法（具体可行，多法并用） |

续表

| 活动内容 | | 课时 | 课堂主要活动 | 教师指导重点 |
|---|---|---|---|---|
| | | | | 2. 活动准备（预约采访对象、设计采访表、工具准备等） |
| | 再次探究 | 课外1课时 | 按照小组二次活动方案继续开展探究活动，深入探寻宗祠中蕴藏的忠孝文化 | 再次探究活动的跟踪指导：<br>1. 协助学生联系采访对象<br>2. 关注学生遇到的困难，及时给予引导和帮助<br>3. 了解学生探究成果，引导深入探究 |
| 活动总结阶段 | 交流评价 | 课内2课时 | 一、整理探究成果，做好展示准备<br>1. 对收集的材料进行整理，确定展示内容，选择汇报方式<br>2. 小组分工合作，做好展示准备<br>二、各组展示汇报，师生评议<br>三、畅谈收获与反思<br>四、填写活动评价表 | 一、展示交流的指导<br>1. 选择合适的汇报方式<br>2. 做好相关准备（制作PPT、写主持词、设计问答题等）<br>3. 展示时小组分工明确，组织有序<br>4. 汇报时声音响亮，表述清楚，自信大方，重点介绍考察过程与成果<br>二、评议的指导<br>1. 可对展示的内容和方式、汇报情况进行评价，肯定亮点，提出建议<br>2. 可提出自己的疑问和补充 |
| | 反思改进 | | | 三、交流收获与反思的指导<br>1. 活动收获（对忠孝文化的新认识、考察方法的习得和能力的提升等）<br>2. 成功经验<br>3. 不足之处及今后努力方向 |

### 各阶段具体组织过程样例

## 活动实施阶段——中期反馈（1课时）

**活动目标**

1. 通过汇报实地考察成果，丰富对刘氏宗祠和忠孝文化的认识，激发爱国爱乡情怀，产生进一步探究的兴趣。

2. 通过汇报遇到的困难和讨论解决办法，了解访问和查阅资料的具体途径，制订再次探究方案，培养大胆尝试、积极寻求有效的问题解决方法的核心素养。

**活动准备**

教师：制作PPT、打印"走进刘氏宗祠 探寻忠孝文化"再次探究方案表。

学生：走进刘氏宗祠实地考察，填写考察记录表，拍摄照片等。

**活动过程**

课前活动：学生合唱红歌

师：同学们，你们的歌声铿锵有力，不仅让我们想起硝烟弥漫的战争岁月、祖国建设和改革的火红年代，还让我想起不久前国庆大阅兵时壮观的场面。不愧是新一代的红色少年！那么，朝气蓬勃的红色少年们，你们准备好上课了吗？就让我们继续走进刘氏祠堂，探寻忠孝文化吧！

一、前期回顾，汇报研学成果

1. 出示照片，回顾前期活动

师：（出示刘氏宗祠的不同照片）同学们，上节课各组已经选择了各自的考察对象，走进刘氏宗祠实地考察，探寻忠孝文化。让我们一起来回顾一下你们实地考察的场景。

课件播放前期研学活动照片。

2. 各组汇报初步考察成果

师：从照片上可以看出同学们考察得很仔细，相信你们收获一定不少！谁先来和大家分享你们的发现呢？

各组结合考察记录表（见下表）汇报初步考察成果。教师引导学生说清楚研究内容、研究方法和"我们的发现"，并适时给予评价。

"走进刘氏祠堂　探寻忠孝文化"考察记录表

| 班级 | | 组名 | | |
|---|---|---|---|---|
| 研究对象 | | | | |
| 研究内容 | 研究方法 | 我们的发现 | | 负责人 |
| | | | | |
| | | | | |
| | | | | |
| 遇到的困难 | | | | |
| 想探究的新问题 | | | | |

二、提出问题，讨论解决办法

师：同学们的考察成果真不少！没想到刘氏宗祠里竟然藏着这么多文化。从你们的汇报中，我发现你们在实地考察中还运用了多种研究方法，真是了不起！那么大家在实地考察的过程中有遇到什么困难或想继续探究的问题吗？

1. 各组汇报困难和想继续探究的问题

预设：学生提出的困难和想继续探究的问题可能有：（1）想探究碑文背后的故事，但是找不到相关信息；（2）想了解刘廷都的忠孝事迹，但是在宗祠里没有找到；（3）想知道为什么宗祠有那么多的对联，对联内容有什么含义……

2. 全班讨论解决办法，教师适时补充

师：会提问的孩子就是会学习的孩子，那么结合你们之前的经验，我们可以通过什么研究方法帮助我们进一步解决这些问题呢？

预设1：学生提出采访的方法

指导策略：师引导学生交流具体的采访对象，适时追问和补充，指导有针对性地选择采访对象，如：老人协会的爷爷奶奶们、刘氏族长、退休教师、村委会工作人员、革命烈士的亲人等。

预设2：学生提出查阅资料的方法

指导策略：师引导学生讨论具体的查找资料的途径，如上网、查阅书籍、微信公众号等，并推荐相关书籍和微信公众号，如：（1）书籍：《塔头刘村》《峥嵘岁月》；（2）微信公众号：塔头刘村微信公众号。

三、讨论交流，制订二次方案

1. 小组讨论制订再次探究方案

师：为了让我们的研究更有实效，咱们得制订再次探究的活动方案（见下表）。

"走进刘氏祠堂 探寻忠孝文化"再次探究方案

| 班级 | | 组名 | | 组长 | |
|---|---|---|---|---|---|
| 研究对象 | | | | | |
| 研究内容 | | | | | |
| 研究方法 | | | | | |
| 小组分工 | | | | | |
| 活动准备 | | | | | |
| 注意事项 | | | | | |
| 预期成果 | | | | | |

各小组讨论制订再次探究的活动方案，教师巡视指导。

2. 小组汇报再次探究的活动方案，师生评议

重点引导学生关注方案中下面内容的填写，适时归纳点评。

（1）研究方法：要选择具体可行的，可以多法并用。

（2）小组分工：可以按照研究方法来分配任务。

（3）活动准备：查阅资料需要电脑、笔和笔记本等；访问需要预约访谈对象，想好问题设计采访表，准备笔和笔记本、相机等。

（4）预期成果：照片、采访录像、采访记录、图册、资料卡等。

3. 各组修改完善再次探究的活动方案

四、总结延伸，提出课后活动

师：纸上得来终觉浅，绝知此事要躬行。课后请大家按照我们的二次方案继续走进刘氏宗祠，探寻忠孝文化，相信你们一定会有新的收获。

**教学反思**

学生按照研学方案进行初次实地考察后，对刘氏宗祠有了初步了解，也产生了新的问题，遇到了一些困难。因此，此时开展中期反馈是促进活动深入开展的关键环节。本节课是中期反馈课。课堂上，教师创设民主、宽松的课堂氛围，撬动生长支点，让学生汇报交流问题、深入分析问题和解决问题，明确了下阶段活动的内容和方法，让学生在真实情境问题的解决中，促进素养的真正生长。

一、亲身实践，引发问题

在前期活动中，学生对于宗祠的忠孝文化产生了浓厚的兴趣。但是"不入虎穴，焉得虎子"，真实而有价值的问题往往要在真实情境中才能产生。因此，学生们带着问题走进刘氏宗祠进行初次考察后，又带着新的问题离开刘氏宗祠。此时，教师抓住这个有利的教学资源，当学生回到课堂上汇报初步的考察成果后，教师并没有将活动止步于此，而是留足时间，让学生交流在实地考察中遇到的困难和想探究的新问题，让他们明白要深入了解刘氏宗祠文化，光靠实地考察是不够的，还需要运用访问、查阅资料等其他的研究方法才能更好地解决，从而激发了进一步深入探究的欲望。

二、因势利导，解决问题

当学生提出实地考察后遇到的困难和想进一步探究的问题后，教师创设了多维互动的平台，聚焦问题解决，适时进行追问，引导深度对话，调动学生的已有经验，因势利导，共同探讨解决办法。如，当学生提到可以去访问时，教师追问道："你觉得要访问谁比较合适呢？"一石激起千层浪，学生们根据已有经验提出了校长、老师、家乡的老人等一个个采访对象，这时，教师补充推荐了刘氏族长和革命烈士的亲人，拓宽了学生们的访问对象。当学生提出可以通过上网查资料时,教师便追问:"什么网站比较容易找到有关刘氏宗祠的资料呢?"学生们立即鸦雀无声,这时教师适时出手,推荐了家乡的网站及微信公众号,让学生们查找资料更有针对性。当学生提到查找书籍时,教师又拿出了《塔头刘村》《峥嵘岁月》这两本书借给学生查阅。就这样,教师聚焦问题,不断调动学生的已有经验,并适时地引导对话、补充资料、拓展研究思路,有针对性地进行方法指导,在解决问题的同时,促进了学生经验的自主建构。

### 策略三:突出自主实践,扫清生长障碍

综合实践活动课程不是传授式的灌输知识的课堂,而是新课改撬动学习方式变革的支点,若无视学生的主体地位,它的育人功能将大打折扣。自主性是综合实践活动生长课堂的核心特征之一。因此,在综合实践活动生长课堂,应尊重学生的自主选择,坚持主动实践,让自主探究成为儿童发展的核心动能,唤醒他们的主动成长。

#### (一)亲身实践经历活动过程

核心素养不是教出来的,而是借助问题解决的实践,在真实问题情景中培养出来的。在综合实践活动的生长课堂中,在活动实施阶段,要强调突出本学科实践性的本质特征,为学生提供亲身经历调查、实验、设计、创作、反思等实践空间,通过"做中学""思中学""探中学"等多元学习方式,着力培养勇于探究、动手实践、批判质疑等素养,让学习真正发生在丰富的实践活动中,让实践育人价值得到充分发挥。

在"巧做凉拌菜"活动中,当学生制订活动方案后,教师能留给学生充足的时间和空间,让他们大显身手,亲身经历"巧做凉拌菜"的三部曲:切、拌、摆。在这一过程中,他们在做中学,充分体会到自己是学习和实践的主人,感受到实践的艰辛和获得成功的体验,他们在活动中学会与同学共处,学会团结互助,学会分工与合作。

在"糖果研发 Go Go Go"活动中，教师在引导学生们模拟体验糖果产品开发流程时，首先让学生们运用信息技术和数学课学会的知识技能，利用问卷星软件进行"关于糖果的市场调查"，并从调查数据统计图中分析提取对糖果研发有用的信息，这既为后面的研发提供了依据，也进一步培养了学生获取信息的能力；接着让学生们用超轻彩泥制作喜欢的糖果，这则调用了学生美术课上学的本领，锻炼了动手实践能力和创新思维；最后让学生用统计图进行投票筛选出最受欢迎的糖果作品，这又运用了数学知识……在这个活动中，教师引导学生亲身体验糖果研发的全过程，有效地调动了学生运用多学科知识和生活阅历中形成的经验来解决问题，促进了学生素养的生长，体现了课程的开放性、综合性、实践性的特点。

## （二）方法导航促进深度探究

综合实践活动的实施坚持学生自主选择，主动实践，强调学生的主体性，但是不是学生的自主活动教师就不用管了呢？有些教师上综合实践活动课，学生完成活动方案后就布置学生利用课外时间分头去开展活动。结果下一节课回来往往发现：有的学生是两手空空；有的是有去采访，但采访成果不佳；有的是去查阅资料，但没有记录下来……这时我们不能一味地批评、抱怨学生，而应该反思教师的指导工作是否到位：学生是否懂得采用合理的研究方法。因此在活动实施阶段，教师要为学生提供必要的研究材料的支持以及探究方法的指导，如怎样观察、怎样采访、怎样查阅书籍、怎样上网查找资料、怎样实地考察、怎样做记录等，这样才能避免活动的盲目、无效、浅层次。

在"寻找长辈的童年游戏"活动中，教师从各组的活动方案中发现学生采取的研究方法主要有采访、上网、查书。考虑到本次活动最方便有效的一个方法就是"采访"，而四年级的学生对采访已经有初步的了解，在以往的研究活动中有过采访的体验，但是很多学生对采访的技巧仍缺乏全面、深入、细致的把握，因此教师把"采访"作为本次活动的一个方法指导重点，引导学生根据以前的经验从采访前、采访时、采访后分别要做什么进行交流，通过小组讨论、全班交流，共同梳理出采访要点：采访前要选好对象、想好问题、备好工具；采访时要注意礼仪、说明来意、大胆提问、认真记录；采访后要整理分析。还针对"想好问题"这一难点，让学生讨论交流"本次采访时可以提出什么问题"，指导学生完成"采访记录单"。然后请一名学生现场采访老师，师生评议，总结好的方面和不足的方面，并让同桌进行模拟采访，总结经验，以便实地采访时有的放矢。而对学生选择的其他研究方法，如上网、查书等，教师则只让学生质疑，针对学生的问题进行针对性指导。

从以上案例来看，生长课堂中教师对方法的指导要充分发挥学生的主观能动性，用研究性学习的方式教给学生研究性学习的方法，不要用讲授式的方式直接告诉学生。应做到"导而有度"，既不要放任自流，也不要越俎代庖。方法指导时还要避免"眉毛胡子一把抓"，可根据活动需要有重点地进行必要的方法指导，要注意循序渐进，做到参加一次活动学会一种方法，提高一种能力。

### （三）提供支架扫清生长障碍

美国心理学家伍德沃斯最先将"支架"引入教育领域，他把"支架"描述为"同行、成人或有成就的人在另外一个人的学习过程中所施予的有效支持"。[①] 按照皮亚杰的认知发展理论，小学生还没有形成完全的自主学习能力，这时候学习支架的搭建可以更好地保障活动的顺利进行，促进活动的深入开展。因此，在生长课堂中，教师可以根据活动任务和生情需求，围绕学生的分析、推理、综合、评价、创造等高阶思维，设计恰到好处的学习支架，为学生完成任务指明方向，把体验、探究活动引向深入。

在"走进寓言故事世界"主题活动中，在制作"寓言身份证"时，教师运用策略型支架，引导学生梳理出"身份证"基本信息，提供文字编排

---

① 转引自：何荣杰. 课堂教学设计 [M]. 北京：北京邮电大学出版社，2014：183.

和插图选择参考范例，帮助学生顺利执行学习任务，快速达成学习目标；在"寓言奥斯卡"表演活动中，教师运用资源型支架、情境型支架，为学生的情景剧提供配乐库、道具库、服装库等资源和创编展示平台，帮助学生高效完成情景剧的创编，体验学习成就感，激发更大的参与兴趣。

一份方案、一份调查、一张学习单都可以成为引导学生进行纵深思考的关键支架。在活动中，学习支架是支撑起学习内容和结构的脚手架。教师要善于根据不同情况设计支架，及时帮助学生排除障碍，有的放矢地进行"点化"，引导学生展开更深层次的思考和探究，为学生的思维生长助力，将体验和探究活动引向深入。

### 策略四：注重展示反思，体验生长快乐

《指导纲要》指出，在活动总结阶段，教师要指导学生选择合适的结果呈现方式，鼓励多种形式的结果呈现与交流。生长课堂作为一种结果导向的教学理念，在活动总结阶段，教师要搭建成果展示平台，引导学生对活动过程和活动结果进行系统梳理和总结，要指导学生不能仅仅停留在研究结果的展示上，还要引导回顾自己研究的过程、方法和情感体验，总结经验，反思不足，为以后开展活动积累经验，感受真实生长的价值与快乐。

#### （一）在成果展示中体验快乐

注重过程，但如果完全忽略了学习成果或结果，会伤害学生参与活动的积极性。因此，教师要给学生创设充分展示成果的时间和空间。由于综合实践活动具有综合性、开放性等特点，因此学生获得的活动成果自然也是多种多样的，最后的活动成果以什么方式来呈现、表达，也就存在多种可能性，教师要对学生的展示交流进行必要的指导，帮助学生选择恰当的呈现方式。每个学生各有所长，教师可以引导学生根据活动成果和自己的兴趣特长来选择展示方式，体验成就感。如："家乡的特色经济"这一主题，有的学生家里藏书多，搜集的资料也多，他就自编资料集来展示；有

的学生能说会道，在展示时他以小小推销员的身份来推销家乡产品；有的学生还学会了做风味小吃、手工艺品等，他便当场展示作品或当场制作小吃。总之是八仙过海，各显其能。

成果展示是学生们体验生长快乐的主要途径，但是如果放任学生随意汇报，必然影响汇报效果，导致他们没能获得美好的成功体验，因此，教师不能忽视学生成果汇报前的指导。汇报前，教师可提供"成果展示活动方案表"，引导学生先小组讨论选择展示的形式和内容，并进行任务分解，想好要做好的准备工作和展示时要注意的事项，这样就可以更好地保证成果汇报会的有效开展。同时，要关注学生汇报的准备情况，当学生遇到困难时，教师要提供适当的帮助。如在"地震防护"活动的成果汇报准备阶段，不少小组提出要像老师一样用幻灯片的形式来展示收集到的资料，可是不会制作，于是教师就联系信息技术老师指导学生制作幻灯片，让学生初步掌握相应技能，帮助学生实现自己的愿望。刚开始有不少学生想用情景剧表演的形式来展示，可是有的汇报内容并不好演出来，如"地震的成因""地震的级别"，于是教师就引导学生分析展示方法选择是否恰当，最后他们就重新选择了"知识问答"的展示方式。可见，对于一些不恰当的方式或学生难以掌握的技术，教师要给予提示和建议，帮助学生分析、选择恰当的方式，让学生知道展示交流不是单纯的表演、搞花架子，而是为了把准备交流的内容充分地展示出来，与大家分享。

### （二）在交流反思中内化经验

在综合实践活动课程中，成果不一定都是成功的研究经验或结果，学生在活动过程中失败的体验、受挫的经历也是学生成长过程中的宝贵财富。生长课堂上，教师要成为温暖的教育者，关注学生的情感体验，关注个性差异，引导学生对整个综合实践活动的过程与结果、收获与不足进行正确反思，主动审视自己的成败得失，逐步完善自己的行动，拓宽自己的视野，达到自我反思、自我改进的目的，让每个学生都能体会到探究的快乐。因此，总结阶段，教师可以设计环节让学生畅谈收获与反思，主要引导学生总结自己在研究的全过程中的收获，可以是知识方面的，也可以是能力方面的，或者是技术方面和与人交往方面的。

例如，在"社区健身设施调查"活动中，有的学生收获最大的是胆量大了，你就让他尽情地说一说；有的学生调查表一塌糊涂，无法展示，但他却对调查中的一个小故事感受颇深，不妨让他讲讲这个；有的学生对健身器材情有独钟，竟然还自创器材，相信他对这些内容定会津津乐道。

在总结收获的同时，还要让学生思考其他小组的研究成果带给他们的启示，让学生既看到自己的收获，也能欣赏其他小组的优点。如，在"跳蚤市场"活动中，××同学说："这次跳蚤市场活动虽然我们小组的战绩不大理想，但是我深深体会到了赚钱真不容易，也从其他小组的成功经验中学到了不少卖东西的学问。这样的活动，我喜欢！期待着下次活动的开展。"

学生们一个个丰富的体验是最珍贵的，这不正是学生们经验内化的表现吗？这些都是在课堂上教师无法传授的，需要学生亲身经历才能体验到的，这不正是综合实践活动课程的价值追求吗？但是课堂上毕竟时间有限，参与全班交流分享的学生不多，因此，教师还可以通过设计"活动反思单"提供支架引导学生从多角度进行总结与反思，也可以让学生撰写"活动心语"，让我们能看见每个学生的成长。如，在"寿司总动员"主题活动中学生撰写的"收获卡"上，我们看到有的学生说："这次活动让我亲自体验做寿司的过程，真是太有趣了！虽然我们第一次做的寿司不是很好吃，但是品尝着自己做的美食心里还是美滋滋的！"有的说："我们组深深体会到了小组人数不能太多，否则有的人没事做，就没有亲自动手的机会了。"有的说："只要我们大家团结互助，就是再大的困难也能克服。"有的说"我们这次做的寿司太大了，以后要做小点才方便食用。"……学生们尽情地分享着成功的喜悦，反思了失败的原因，总结了经验与教训，为下一阶段实践活动的开展指明了方向。

## 第三节　学习评价：让儿童的生长看得见

综合实践活动课程作为一门新增设的必修课程，成为新课程改革的亮点。但是实验的艰巨性和诸多问题已在操作过程逐渐显现，其中学习评价是综合实践活动课程实施过程中的难点，也是关键点。生长课堂理念下的学习评价，教师应以核心素养发展为导向，以学为中心，要兼顾学生的学习过程和结果，更重要的是要将关注的视角指向学生获得结果和体验的过程，在学生活动的全过程中嵌入评价，发挥评价的育人功能，让每个儿童的成长看得见。

### 一、生长课堂中学习评价的基本内容

综合实践活动生长课堂的最根本目的是促进学生全面发展。学生参与综合实践活动过程中的发展水平，是生长课堂评价的重中之重，也是综合实践活动价值判断的最重要依据。综合实践活动生长课堂中的学习评价应重点关注以下内容。

#### （一）参与活动的态度

综合实践活动是基于学生的生活经验、兴趣和爱好，通过学生主动自主探究而完成的一种实践性学习。学生对活动是否感兴趣，对活动内容是否有强烈的好奇心和求知欲，在活动中是否主动承担并努力完成分配给自己的任务，是否能积极主动地提出自己的意见或建议等，都是学生参与综合实践活动探究的主动性和积极性的外显表现，也是对学生活动态度进行评价的具体内容。

#### （二）活动的体验和感受

综合实践活动课程是一种经验性课程。学生在实践活动中，会通过自主认知、自主构建，生成富有个性化的体验和感受，这是综合实践活动生长课堂的主要价值取向之一。主要包括两方面的内容：解决问题的方法体

验和情感、态度、价值观的体验。对学生在活动过程中的体验和感受的评价，是对学生评价的重点内容。一般讲，这种评价不能刻意求全、求深，主要应当关注学生有无自觉在活动中去生成体验、体验和感受的多与少、是点到为止的浅层经验还是经过深刻思考后的认知感悟。

（三）合作学习的情况

小组合作学习是综合实践活动生长课堂的主要活动形式，也是完成主题探究活动目标的组织保障。团队精神良好，合作意识强烈，任务分工明确，交流广泛深入，交往民主和谐是活动小组学习良性实施的重要条件，也是对学生合作学习进行评定的依据。同时，小组是由多人组成的，每个成员在活动过程中表现出来的主动性、积极性和独立性，不畏困难、寻求合作的负责精神以及小组活动中反映出来的问题意识、服务意识、互助意识等也都应作为评价的内容。

（四）活动技能的运用

综合实践活动生长课堂不追求热热闹闹的形式，而追求学生实实在在地参与、通过多种知识与技能的综合运用，切实提升学生的综合素养。对学生科学探究方法和手段的学习和运用，以及熟练地利用相关知识和技能解决现实问题的能力发展状况的评价，是综合实践活动生长课堂对学生评价不可或缺的内容。

（五）创新素养的表现

综合实践活动生长课堂突出强调学生具有自主性、创造性、主体性，在活动中，教师要重视对学生活动过程中新奇的、独特的创意进行评价。学生在活动中敢于质疑权威，善于运用非常规的方法和手段研究和解决问题，并自觉生成富有个性化的简介或成果，常常是良好创新素养的表现，尤其值得关注。对学生的创新素养的评价，不能刻意要求学术含量和技术含量，更要看有没有创新意识和创新的欲望、懂不懂创新的思维方法、是否对新生事物有敏锐的洞察力，有无实际做出创新尝试以及与活动前期相比是否有发展和变化等。

### （六）科学观、世界观、人生观和价值观发展的表现

对学生科学观、世界观、人生观和价值观发展的评价，主要是观察学生在活动中是否能够用科学的方法分析出现的各种问题，而不是崇拜神话、沉迷经验；是否能够通过活动实施主动学习并学会与自然、社会以及他人和谐相处共同发展；是否注意培养自己形成积极进取、健康向上的思想道德情操和良好的个性品质，以及在活动过程中表现出来的社会责任感等等。

## 二、生长课堂中学习评价的方法探索

《国家基础教育课程改革纲要》指出，要建立评价方式多样性，评价项目多元的评价体系，发挥评价的发展功能。综合实践活动的特点决定了对学生的评价不像其他学科一样可以用考试来测评。综合实践活动生长课堂，教师应以核心素养的持续发展为导向，动态跟踪学生在问题解决过程中的融合思维与实际运用能力等，将"测评"贯穿于活动的全过程。通过学生自评、同伴互评、教师和家长测评等多主体评价，对学生的活动过程及结果进行全方位的测评，推动学生综合素质不断向前发展，体现"教—学—评"的融会贯通。课题组在"综合实践活动课程有效实施与评价研究"研究中，探索出了适合生长课堂的几种有效、可行的评价方法。

### （一）形成性评价

形成性评价又称过程性评价，是在教学过程中进行的评价，是对"学生日常学习过程中的表现、所取得的成绩以及所显现出的情感、态度、策略等方面的发展"[1] 做出的评价，是基于对学生学习全过程的持续观察、记录、反思而做出的发展性评价。其目的是"激励学生学习，帮助学生有效调控自己的学习过程，使学生获得成就感，增强自信心，培养合作精

---

[1] 李珂. SETM 教育百问百答 [M]. 济南：济南出版社，2022：70.

神"。由于小学生自身的认识水平和经验的局限性，我们不能期望他们在活动中获得哪些具有创新价值的技术或知识，但完全可以通过活动的具体实施，期望学生的实践能力和情感态度等方面获得良好的发展。所以综合实践活动要将关注的视角指向小学生获得结果和体验的过程，注重小学生在活动中的表现，及时给予肯定和指导。因此，在生长课堂中，教师要经常性地开展形成性评价，可采用即时性评价、表现性评价、档案袋记录等形式，侧重于对学生学习过程和能力的评估，促进学生对活动目标实施的落实。形成性评价工具的设计要简单易行，教师才能长期、经常坚持，才能受到学生的喜欢，真正起到激励和导向的积极作用。生成课堂采用的形成性评价主要有星星评价法、奖章评价法、成长袋评价法三种。

1. 星星评价法。

星星评价法是我校教师在生长课堂中探索的一种形成性评价方法。在教学实践中教师注意观察、关注学生的情感态度、合作交流、学习技能发展、成果与贡献等方面的表现，抓住他们的闪光点，及时地奖励各种激励星。如：课堂上遵守纪律、认真倾听就能得到"纪律星"；活动中积极动脑筋，想出了新方法新点子，有自己独特的见解等，就能得到"智慧星"；在小组中团结合作，认真完成小组分配的任务可奖励"合作星"；能积极参与收集资料、调查访问、实验制作等实践活动，就有机会获得"实践星"；而在成果汇报时表现突出就能得到"汇报星"……这样让每个学生及时地体验到了成功的喜悦，增强了自信心，激发了参与活动的积极性。

为了便于学生记录所得的星星，及时了解自己的表现，我们可以让学生设计"积星榜""星星乐园"，将学生所得的各种星记录在上面。积星表可以是一生一张，也可以是一组一张。为了激发学生争星的积极性，我们还可以实行积星兑换的方法（星星可以兑换礼物，礼物可以是一张表扬卡、一个贴有学生照片的成长记录袋、一本活动记录本等），礼物可以事先让学生知道，让他们根据自己的兴趣有目标地去争取，也可以是神秘礼物。记得当时我一推出这个评价方法时，学生们都踊跃地加入到积星大行动中来："调皮大王"上课时坐得端端正正了，我及时地奖给了他"纪律星"（这可是他在其他学科中没法体验到的成功的喜悦）；上课积极发言的同学多了，得到"智慧星"的同学脸上露出了自信的表情；我一进去上课，总有一群孩子围上来拿着他们的活动成果（查找的资料、采访记录、作品等）来向我邀功，希望能获得"实践星"（这不就可以有效地解决学生们不爱完成技能课作业的问题吗）；慢慢地，"你得了几颗星"成了大家关注的话题，"我可以换礼物了"成了学生们兴奋的事情……学生们对综合实践活动保持着浓厚的兴趣，参与热情很高，这些与即时评价方法是分不开的。

对学生的即时评价可以是有声语言，可以是体态语言，也可以是适当物化评价。如：随手递给的一颗小星星、一朵小红花、一面小红旗、一个笑脸。这种评价操作简单，但不易做好，我们要做有心人、有情人，善于针对不同的学生不同问题灵活运用，但要求有针对性、目的性，不能滥用。

2. 奖章评价法。

奖章评价法是我校在生长课堂中探索的一种表现性评价法。综合实践活动反对通过量化手段对学生进行分等划类的评价，主张采用"自我参照"标准，引导学生对自己在综合实践活动中各种表现进行"自我反思性评价"，强调师生之间、学生之间对彼此个性化的表现进行评定、鉴赏。而少先队的"雏鹰争章"活动本着"重在自主、重在参与、鼓励进取"的原则，开展了"定章、争章、考章、颁章"系列活动，具有强烈的激励作用，又符合综合实践活动的评价理念与方式，基于两者的融合点，我校将"雏鹰争章"引入综合实践活动生长课堂，实行在每个主题综合实践活动中争夺一枚奖章的评价方法，即每个主题活动按"确定主题（定章）—实践活动（争章）—成果汇报（考章）—总结评价（颁章）"的步骤进行，具体操作如下。

（1）定章：自主定标，激发兴趣。

在活动启动（定章）阶段，教师要善于创设情境，激发兴趣、启迪思维，引导学生提出活动主题和研究内容。接着充分发挥学生的自主性，引导学生自主设章和提出达章要求，把学生的注意力与兴趣引导到学习目标上，使学生从原有的不感兴趣，到为争章而主动学习，再由获取的点滴进步而引发兴趣，产生积极的情感体验。这一细微的变化进程便是奖章激励的作用所在。

**操作建议**：提出达章要求时要引导学生考虑可操作性和普遍性，要便于考章，要让每个学生通过努力就能争到奖章；由于综合实践活动具有生成性，随着实践活动的不断展开，新的活动目标和活动主题将不断生成，这时达章要求也要进行相应的调整，所以达章要求不一定在活动主题确定后就把所有的要求全部定出来，可根据活动内容分阶段提出。

例如，在"走进元宵节"活动中，经过师生讨论，最后大家确定要争夺的奖章为"快乐元宵章"，从学生们信心十足地表示能夺得这枚奖章时，我欣喜地感受到了学生们的积极性被调动起来了。当我抛出第一个任务"收集有关元宵节的资料"后，为了激发他们的积极性，我引导学生们将这个任务转化为第一条争章要求：能通过上网、查书、访问等方法收集有关元宵节的资料，并做好记录。这样就把学生们的注意力与兴趣引导到学习目标上，使学生从原有的不感兴趣，到为争章而主动学习。第二节课，我一走进教室，好多学生就兴奋地拿着收集到的资料给我看；不少学生能通过网上收集到元宵节的传说故事并将资料打印出来；有的能通过访问长辈了解家乡元宵节的习俗并记录在本子上；有的能收集元宵汤圆的食品袋，并将上面的原料和食用方法的资料剪下来……于是我就引导他们在小组中交流资料。然后开始考评第一条争章要求，并对通过第一条要求的同学大加表扬，从学生们的一张张笑脸中我感受到了他们获得成功的喜悦。而对那些没收集到资料的同学我则鼓励他们继续收集，老师将对他们进行二次考评。这时学生们发现大家收集来的资料五花八门，怎么办呢？经过讨论大家决定争夺第二条达章要求："能对收集到的资料进行整理，制作成资料卡。"学生们的活动积极性又被激发了！

（2）争章：实践操练，方法导航。

在活动实施阶段，也就是争章环节，教师要注重学生活动方式的多样性，为学生的争章提供训练的平台，并要给予学生必要的方法指导，让学生在实践中争章，从中体验成功的快乐，提高综合素质。在"我与小树亲密接触"这个活动中，老师引导学生通过各种途径收集有关学校种植的花草树木的资料——学生们请教校工、老师、花农、家长等；上因特网查阅；到图书馆去查找……通过多种渠道，多方"出击"，获取了大量信息。而后，老师组织学生在小组内交流资料，进行解读、筛选、整理、释疑，进一步提高了学生收集、整理、分析信息的能力。由于活动是开放性的，学生在探究中常出现新问题，如在介绍"假槟榔树"时，有学生提出了为什么要叫"假"槟榔树，教师没有直接把答案告诉学生，而是留给学生自主解决问题的空间，后来有学生再次上网查找资料终于揭开了这个秘密……学会求知、不断创新、不断建构——这正是自主探索学习的价值所在。

**操作建议**：由于综合实践活动的开放性，我们很难关注到学生在争章过程中的表现，因此，教师可以鼓励学生做好争章记录，留下活动的轨迹，让学生分享争章活动的体验和感受，也有利于教师及时地了解学生活动的情况，适时地进行方法指导，促进下阶段活动的有效开展。

（3）考章：尊重个性，注重反思。

在活动的成果汇报阶段，也就是考章环节，教师要指导学生对活动过程中的资料进行筛选、整理、分析，鼓励并尊重学生富有个性的自我表达方式。如：在"地震防护我能行"成果汇报会上，我充分尊重学生，让他们自主选择喜欢的方式汇报前期的活动成果，有地震知识问答、有地震逃生情景剧表演、有地震级别资料卡展示、有地震前兆顺口溜朗诵……丰富多彩的内容和形式多样的汇报吸引了全体同学，整个汇报会同学们情绪饱满，积极性高，从中锻炼了综合素质，也体验到了成功的喜悦。

**操作建议**：为了避免成果汇报变成"演节目"的现象，在考章环节，教师还要注意引导学生畅谈活动过程中的体验、认识和收获，引导学生进行评议、质疑，可以通过"我想问""寻找精彩亮点""我来给你评一评"等项目表现出来，让学生在分享研究成果的同时学会认识自我，发现他人的闪光点，取长补短，达到共同提高。

（4）颁章：多元评价，树立榜样。

在活动的总结评价阶段，也就是颁章阶段，教师要引导学生对照达章要求，通过讨论、协商、交流等方式引导学生进行自评、同伴评、教师评、家长评。对参与活动特别积极主动、收获大的学生，可给予"争章小能手"称号，并让其畅谈"我的争章感言"，树立榜样，激励先进；对于考章未过关的学生，帮助他们寻找原因，同时鼓励他们继续努力，适当的时候给予二次评价，以此提升奖章的价值。学校还可以将奖章纳入学生评优和综合素质评价体系，作为学生素质能力拓展的主要参照指标，以此来激发学生参与实践活动、争夺奖章的积极性，促进雏鹰争章和综合实践活动的优化整合。

这种奖章评价法，使建构经验的过程体现在整个争章活动中，达章要求为学生们参与活动指明了努力的方向，使原本单一的课程学习活动成为学生的自我追求的目标与自主行动，从中体验成功，体验快乐，强化了对学生自我发展、自我监控、自我反思能力的培养，可以从表2-3中看出。

表 2-3  "交通宣传品设计章"争章卡

| 序 | 争章要求 | 自评 | 组评 | 师评 |
|---|---|---|---|---|
| 1 | 能通过喜欢的方法收集"交通宣传品"的信息并进行整理、运用,构思设计思路,填写"信息卡" | | | |
| 2 | 能自己或与伙伴合作制订设计方案,设计方案各项目要填写清楚、完整、合理 | | | |
| 3 | 能按制订的设计方案进行制作,遇到困难要积极想办法解决;作品要有创意、实用,宣传内容要简洁、醒目,能达到宣传交通安全的目的 | | | |
| 4 | 能与小组成员团结合作,积极上台展示制作的交通宣传品 | | | |
| 5 | 能将自己的活动收获和反思写下来,并乐于与他人分享 | | | |

考章说明:★表示优秀,☺表示良好,▲表示需努力,80%获得★即可获章

| 争章感言: | 盖章处: |
|---|---|
| | |

3. 成长袋评价法。

新课程改革倡导注重对学习过程的观察、记录与分析,倡导基于证据的评价。郭元祥教授指出:"教师要鼓励每个学生建立自己的综合实践活动档案,以便使学生深入了解和肯定自己的能力,并能与其他人分享自我探索的体会以及进步的喜悦。"[1] 成长袋评价法是我校运用于生长课堂中的另一种形成性评价法,用于记录学生成长过程中的足迹,像一张张生活照片一样记录着学生的变化与进步。成长袋并不是一定要用一个袋子,里面放些纸页,这是对档案袋评价的误解。放什么,为什么放,放进去做什么

---

[1] 郭元祥. 综合实践活动课程:设计与实施 [M]. 北京:首都师范大学出版社,2001:262.

用，这都是需要思考的，否则什么都无目的地往里放，最后可能就变成一个资料收集袋、垃圾袋。

（1）学生成长袋的主要内容。

一份完整的学生成长袋应该由过程档案、展示档案、评价档案、资料档案四个部分组成。

过程档案：问题单、研究计划、活动方案、采访表、资料卡、调查问卷、实验记录单、观察表等过程性材料。

展示档案：收集学生用来对外展示的作品及资料。如：手抄报、调查报告、实验报告、小制作、照片等。

评价档案：可以是个人评价，可以是同学评价、小组评价，还包括教师评价或家长评价等评价材料。如："我的收获和反思"、小组活动评价表、活动反思表、奖状、表扬卡等。

资料档案：收集学生活动过程中用过的文献类资料。如网上收集并打印的资料、书上复印的资料、报纸上剪贴下来的资料等。

档案袋内容的选择或提交由学生和教师决定，学生是提交材料的最终决定者，教师可以通过与学生共同讨论、协商、制订计划和项目，并寻找所需材料装入档案袋中，但要为学生留下自己选择的余地，让学生自己与自己比较，把今天的自己与昨天的自己比较，发现进步与退步，通过学生的反思性自我评价，提高他们辨别是非的能力和自我教育的能力。

（2）学生成长袋的实施要点。

学生成长袋绝不只是由学生制作、由教师保存的一些材料的堆砌，要真正建设好学生成长袋，还要注意把握好实施中的一些操作要点。

①营造建设学生成长袋的宽松环境。

最开始进行成长袋的建设时，对学生的要求不要过于苛刻。学生最初可能只是将活动中产生的一些原始材料存放进去，甚至这些材料的质量并不理想。这时，教师与家长应坚持"激励性原则"，发现闪光点对其进行肯定，激发学生继续坚持的信心和动力。随着成长袋的丰富，学生的兴趣会愈来愈浓，记录的内容也会愈来愈有特色。

②给予建设学生成长袋的必要指导。

在创建成长袋时必须充分发挥教师的指导与反馈作用，它将是成长袋实施中又一个关键的环节。要让学生知道建设成长袋有什么好处、成长袋可以装什么东西、怎样有序地整理成长袋中的资料等。但是对学生成长袋的指导不宜做得太细，学生愿意装什么就可以装什么，学生觉得有价值的都可以装进去。只是，教师有必要对档案的目录建立进行指导，这可以帮助学生梳理档案，也可以帮助学生养成有序对待资料的习惯，提高资料的使用率，不至于档案袋内凌乱不堪，毫无用处。

通常成长袋的目录可以有这样几个部分：

A. 封面设计；

B. 个人信息卡（小队简介）；

C. 资料目录；

D. 过程性资料（一般是以主题活动为单位进行整理，每次主题活动按照活动准备阶段、活动实施阶段、活动总结交流阶段、活动评价阶段的顺序整理产生的材料）；

E. 学期总结材料（如学期汇总表、学期总结与反思、奖状等）。

个性孕育创新，创新体现个性。为了张扬学生们的个性，我们可以允许学生们选择他们喜欢的档案袋，并用自己喜欢的方式自主设计封面，可以给封面赋予一个好听的名字，如："我的成长乐园"等。如果是小队成长手册，可以在封面上展示个性队名。另外可以鼓励在档案袋中设计一些小栏目，如"小队大名片""快乐积星榜""收获园""心语小屋"等，让学生根据小栏目自设标准、自选形式、自组内容，逐步培养学生的创造能力和反思能力。

③创设展示评价学生成长袋的平台。

在学生成长袋的实施过程中，为了保持学生的兴趣与积极性，教师必须制订学习成长袋交流和激励性展示的计划。通过经常性的成果的展示与交流让每个学生都有机会展现自己的劳动成果，体会成功的喜悦，将会进一步激发成长袋资料收集的动力和积极性。一般每学期可以开展一至两次成长袋展评活动，一是交流展示本阶段的活动成果，二是引导学生进行阶段的总结与反思，激发学生的参与意识和主动探究的水平，让学生在同伴互评、自我评价中找到自己的位置，明确自己的角色，认清自己的不足。学期结束后要组织对学生成长袋进行总结性评价。评价工具可以是表格式的，也可以是文字描述式的，还可以是其他形式的。此外，教师要将评价权力下放给学生，让学生设计评价方法，决定评价形式，可由小组长组织进行自我展示，同学相互做出评价、比较，通过这样的交流展示，促进学生自己确立榜样，激励他们为自己确定下一阶段努力的方向和目标。

（二）总结性评价

总结性评价通常是在教学活动告一段落后进行的评价，它更侧重于对整个学习阶段或整个学科教学的教育质量的评估。评价的目的是为学生的学习成果下结论或分等级。学期末，作为任课教师都要对学生一学期来的综合实践活动成绩进行评定。而我们平时既有星星评价法、奖章评价法，又有成长袋评价法，如何能将学生在这些方面的表现进行综合评定呢？经过探讨，我校又设计了"学期综合评价表"（如表2-4所示）用于对学生整学期的各方面表现进行汇总，进行综合评定，以解决综合实践活动学科期末学业质量评定难的问题。

表 2-4 综合实践活动课程学期综合评价表

| 评价维度 | 评价内容 | | 评价结果 | | 评价方法 | 评价依据 |
|---|---|---|---|---|---|---|
| 学习习惯 (20分) | 纪律星：颗 | 合作星：颗 | 总星数 | 赋分 | 星星评价法（根据得星率分三个等级赋分，得星率80%以上得20分；得星率70%以上得16分；其余得12分） | 综合实践活动学习习惯积星榜 |
| | 发言星：颗 | 实践星：颗 | | | | |
| | 评价星：颗 | | | | | |
| 活动参与 (70分) | 活动主题 | | 获章情况 | 赋分 | 奖章评价法（每个主题70分，按照各主题争章得分的平均分赋分） | 综合实践活动争章卡 |
| | | | | | | |
| 活动档案 (10分) | 学生成长袋主要内容 | | 赋分 | | 成长袋评价法（根据成长袋评价表得分赋分） | 成长袋评价表 |
| 加分项目 (5分) | 获奖情况 | | 赋分 | | 国家级、省级、地市级、县级、校级分别得5、4、3、2、1分 | 获奖证书 |
| 学期综合评价结果 | 总分 | | | | | |
| | 等级 | | （ ）优秀 （ ）良好 （ ）合格 （ ）需努力 | | | |
| 收获与反思 | | | | | | |

实践证明，这种"星星＋奖章＋成长袋"的学生学业质量综合评价体系能有效激发学生参与活动的积极性和主动性，促进学生综合素质的全面发展，有利于推动学校综合实践活动生长课堂的有效开展。

倡导"立足过程，促进发展"的课程评价，这不仅是评价体系的变革，更重要的是评价理念、评价方法与手段以及评价实施过程的转变。综合实践活动生长课堂的评价要打破和抛弃过去单一、简单的评价模式和过分量化的评价方式，组建包括教师、学生、家长等多元主体在内的评价团队，构建以过程性评价为主、结果性评价为辅的评价体系，采取灵活多样的评价方式。只有站在学生的立场上，让学生用自己喜欢的方式进行评价，才能让全体学生在问题的发现中获得活动的乐趣，在问题的解决中获得成功的快乐，在活动的实施中获得人格的尊严；在活动的过程中，拾起丢掉的自信；在轻松愉悦的评价氛围中，激发进一步探究学习的欲望。

## 第四节 作业设计：在主动实践中扎实生长

关于作业，《辞海》中这样定义："作业是为完成生产、学习等方面的既定任务而进行的活动。"《中国教育百科全书》中这样论述："学生作业的目的在于巩固与消化所学知识，并使知识转化为技能、技巧。它对于培养学生的独立学习能力与习惯，发展学生的智力与创造才能具有重要意义。"综合实践活动是一门让学生在参与和经历一个个活动任务中培养核心素养的跨学科实践性课程，而一个个活动任务其实就是一个个作业。可见，设计好综合实践活动作业是上好综合实践活动课的关键环节。那么何种综合实践活动作业能回应生长课堂的要求呢？

### 一、"生长课堂"作业设计的理想特征

#### （一）综合性

作业是提升学生综合素质的一个重要手段，综合实践活动生长课堂作业的设计应以培养学生的综合素质为导向，作业的设计要注重综合性和开放性，设计综合性、递进式的作业任务，提供广阔的开放时空，课内外结合，多种作业形式融合，以促进学生综合素质的可持续发展。

## 范例1  四年级"探究校园中的植物"单元作业设计框架

教师根据单元主题目标和每个课题的目标，注重整体思考，设计了不同时段、不同类型的系列作业，促进作业育人功能的实现。

| 活动主题 | 作业名称 | 作业类型 | 作业目标 | 完成时段 | 完成对象 |
| --- | --- | --- | --- | --- | --- |
| 校园植物我知道 | 作业一：制作校园植物导览手册 | 制作 | 信息整理问题解决 | 活动总结阶段（课中） | 各活动小组 |
|  | 作业二：社区（家里）植物我知道 | 探究 | 问题解决 | 活动延伸阶段（课后） | 小组或个人 |
| 给校园植物挂牌 | 作业三：给盆栽做名牌 | 制作 | 创意物化 | 活动延伸阶段（课后） | 每位同学 |
| 争做养绿护绿小能手 | 作业四：制订植物养护服务计划 | 策划 | 规划能力责任担当 | 活动策划阶段（课中） | 每位同学 |
|  | 作业五：植物养护储蓄行动 | 服务 | 价值体认责任担当 | 活动延伸阶段（课后） | 各活动小组 |
| 单元拓展作业 | 作业六：爱护植物，永不止步 | 探究、制作、体验等 | 问题解决、创意物化、责任担当等 | 活动延伸阶段（课后） | 小组或个人 |

**设计意图**：从以上表格可以发现，设计的六个作业都有各自的目标，这些作业目标相互独立，又相辅相成。学生在完成一个个作业任务中，提高了迁移应用学科知识和问题解决的思路方法的能力，提升了问题解决、创意物化、价值体认和责任担当等意识和能力，有利于整个单元主题目标的实现，凸显了作业在促进学生综合素质发展方面的价值。

## 范例2  四年级"生活垃圾的回收与利用"资料集锦

同学们，经过调查，相信你们一定收获不少关于生活垃圾回收与利用的资料了吧？你想用什么方式来展示收获成果呢？请将获得的资料进行筛选、分析、整理、汇总，形成你想要的资料展示成果吧！

作业要求：（1）可以独立完成，也可以与他人合作完成；（2）资料成果要注意图文结合，可以是表格式，可以是手抄报，也可以做成PPT……可以是电子版，也可以是纸质材料。

设计意图：本作业设计旨在引导学生综合运用美术、语文、信息技术等学科知识和技能，对前期调查收集的资料进行整理，形成多种形式的研究成果，体现了综合实践活动的综合性，而研究成果呈现形式的多样选择也体现了综合实践活动开放性的特点。通过让学生将调查资料整理成展示成果，有利于促进他们的知识建构，提升筛选和整理资料的能力，也有利于教师检验了解他们前期的学习效果。

## （二）政治性

习近平总书记在2018年全国教育大会讲话中强调，要把立德树人融入思想道德教育、文化知识教育、社会实践教育各环节。教师要围绕这个目标来教，学生要围绕这个目标来学。因此，综合实践活动生长课堂中作业的设计也是要有利于这一目标的实现，要体现政治性。

1. 突出立德树人的根本任务。

综合实践活动作业的设计要体现全面贯彻党的教育方针，坚持教育与生产劳动、社会实践相结合，突出立德树人的根本任务，引导学生深入理解和践行社会主义核心价值观，凸显对学生理想信念、爱国情怀、品德修养、知识见解、奋斗精神和综合素质等多方面的培养目标，充分发挥综合实践活动课程在立德树人中的重要作用。

2. 体现相关文件精神。

《指导纲要》指出，综合实践活动课程强调学生综合运用各学科知识，认识、分析和解决现实问题，体现综合素质，着力发展核心素养，特别是社会责任感、创新精神和实践能力。因此，综合实践活动作业的设计要依据《指导纲要》等有关文件精神，指向中国学生发展的核心素养的培养目标。

### 范例 3　四年级"寻找身边的小雷锋"实践作业

3 月 5 日是学雷锋纪念日。"雷锋精神是社会主义核心价值观的生动体现""把雷锋精神代代传承下去"……党的十八大以来，习近平爷爷多次就学习弘扬雷锋精神作出重要指示。那么，新时代的雷锋精神有什么新的内涵？在我们的身边有哪些值得学习的小雷锋呢？请同学们通过采访、实地观察、查阅资料等途径，开展一次"寻找身边的小雷锋"的实践活动，并将调查结果记录下来和同学们分享！

**设计意图**：创设习近平爷爷对新时代学习弘扬雷锋精神作出指示的政治情境，让学生在实践活动中感悟到要从小立志听党话、跟党走，学习雷锋精神，践行社会主义核心价值观。同时，通过活动让学生感悟新时代学雷锋的内涵，产生争做新时代小雷锋的意愿，增强服务意识和责任意识，提升问题解决能力，为后续开展学雷锋服务奠定认知和情感基础。

### （三）情境性

综合实践活动是从学生的真实生活和发展需要出发，从生活情境中去发现问题，转化为活动主题的一门跨学科实践性课程。因此，综合实践活动生长课堂的作业布置也要体现真实的任务情境，以激发学生的参与积极性。

第一，要以反映时代发展、科技进步及与生产生活实践紧密联系的真实情境来设置问题，活动素材应贴近学生，体现课程生活化。

第二，问题情境的设置应满足科学性、真实性和综合性，通过有效、合理的问题情境，启发学生综合运用关键知识和技能明确问题、分析问题和解决问题，并适当强调趣味性、体验性和参与性，注重知识和技能、认知和情感的统一协调性。

### 范例4 四年级"给盆栽做名牌"实践作业

习近平爷爷号召大家都做生态文明建设的实践者、推动者。植树节，同学们纷纷响应号召，带来一盆盆小盆栽为校园添新绿。但是这些小盆栽的主人是谁？它叫什么名字？生长习性是怎样的？在"探究校园中的植物"活动中大家已经学会了制作树牌，现在，请你运用学过的方法，为自己的小盆栽也挂上一个独一无二的名牌吧！

作业要求：

1. 一份合理而可行的草图是成功的关键。请根据查找的自己盆栽的相关资料，完成"盆栽名牌"的设计草图。

2. 根据设计草图动手制作名牌，并插或挂在盆栽上。可以独立完成，也可以与他人合作完成。

**设计意图**：学生不爱做作业，往往是因为作业千篇一律，枯燥没有吸引力。因此，要让学生喜欢作业，教师要充分考虑学生的已有经验和心理特征，从任务的发布、作业的形式和内容上下功夫，尽量做到富有趣味和吸引力。本作业设计通过贴近学生的语言，结合主题开展情况，注重前后衔接，设计问题情境导入，引出要完成的作业任务，这样既增加了作业的趣味性和真实性，也让学生明确了作业的意义，调动了学生完成作业的积极性和主动性。

### （四）实践性

实践创新是中国学生发展核心素养的重要内容，也是综合实践活动生长课堂着力发展的核心素养。因此，生长课堂中，教师要为学生创设亲身参与实践活动的机会，可以设计调查、实验、设计、制作、服务、体验等实践作业，让学生在完成一个个实践作业中提高解决问题和实践创新能力，凸显作业的价值。

### 范例5　六年级"岗位体验之旅"实践作业

同学们，社会的发展离不开各行各业劳动者的付出。经过前期努力，大家调查了解并选择了想体验的岗位，在老师的指导下制订了小组岗位体验计划，学习了相关的岗位技能，并聘请了活动导师。接下来就让我们在活动导师的带领下，正式踏上岗位，开始职业体验之旅，期待大家满载而归。

**作业要求：**

1. 以小组为单位，在活动导师的带领下，参与不少于3个小时的岗位体验活动。

2. 体验时别忘了按照活动计划，各司其职，并用不同的方式记录下体验的精彩瞬间与收获。

**设计意图**：本作业设计来自学生真实的生活，让学生能走出课堂，走上社会，为学生创设了开放性的实践时空，让学生在真实的情境中进行岗位体验，从而提升实践能力，提升对岗位的正确的价值体认。

### 范例6　四年级"环保宣传服务行动"实践作业

同学们，保护环境有益生态，垃圾分类人人有责。前期各小组已经开展了环保宣传的需求调查，并制订了"环保宣传服务计划"，课后，请同学们在老师或家长的带领下，分小组到校园周边和附近社区，开展一次"环保宣传服务行动"吧，用实际行动为建设良好的社区环境作贡献！

**温馨提示：**

1. 开展活动前，不妨制订一份安全应急预案，为安全开展社会服务保驾护航。

2. 在向居民宣传的过程中，记得用喜欢的方式及时记录下服务的过程哦！

**设计意图**：本作业设计旨在引导学生将前期制订的环保宣传服务计划付诸行动，通过走出课堂，走进社区，开展环保宣传服务行动，获得真实的实践体验和感受，增强保护环境、为环保作贡献的社会责任感，增强服务意识，提高实践能力。

### （五）层次性

学生的个性特点、学习能力、家庭教育等因素都存在着差异性。因此，综合实践活动生长课堂中的作业设计和布置也要体现差异性。教师应充分考虑不同学生的学习状况，设计难度适宜且安全可靠的作业，为不同发展潜力和能力特征的学生提供可选择的作业内容，满足不同层次学生发展的需要，让每个学生都能在与作业的对话中得到收获感和成就感。

### 范例7  四年级"探究校园中的植物"单元拓展作业

同学们在"校园植物我知道"的活动中，认识了许多植物的知识，在参与养绿护绿活动中也有不少体会，你们一定也发现了不少可以继续研究的问题，让我们带着这些收获和心得，继续完成下面活动：

★晋江市花小调查  校园、社区的植物已经都了解了，那你认识晋江市花吗？现在请运用探究校园植物的方法继续去调查，并用自己喜欢的方式记录下研究成果与大家分享哦！

★设计自动浇水器  在爱绿护绿主题活动中，有的同学在思考：当我们无法及时去给植物浇水时，怎么办呢？自动浇水器将会是我们的好帮手。通过上网、访问等途径学习如何设计自动浇水器吧，并把设想付诸行动，期待你的自动浇水器出炉哦！

★我为社区植物开"药方"  植物也有生命。在大家的精心照料下，同学们养护的盆栽又恢复了生机。社区中是不是也有植物生病了，怎么办呢？让我们也一起为社区中的植物开开"药方"，让它们健康成长。可以带上你的"药方"与同学们切磋切磋医术哦！

**作业要求**：在老师的指导下，独立实践或跟伙伴合作，根据条件和兴趣，完成其中一项或多项任务。相信努力实践的你们，一定会迎来一个大丰收。

**设计意图**：教师根据学生兴趣和能力差异，给本作业设计了三个不同活动方式的拓展作业，为不同发展潜力和能力特征的学生提供选择的活动项目，每个学生都能自主选择将爱绿护绿行动继续进行，有的乐于探究，就会选择运用调查校园植物的方法继续调查晋江市花；有的动手操作能力较强，则会选择设计自动浇花器，用自己的小发明为养护植物助力；一些住在社区的同学则可以选择"我为社区植物开'药方'"这个活动，将在养护校园植物中学到的知识和技能迁移运用，参与社区植物养护行动……这样从作业内容、形式、参加对象等方面均给予学生自主选择和尝试的空间，以使不同素养水平的学生均能获得进一步成长。

## 二、生长课堂的作业评价

综合实践活动生长课堂注重多元评价和综合考察。因此，综合实践活动作业也要注重作业评价，关注不同活动方式的目标达成，充分发挥作业的诊断、检测和激励功能。例如，在"探究校园植物"主题活动中，教师根据每个作业任务的内容和目标要求设计了相应的评价表，并采用奖励阳光币的评价方法，引导和激励学生积极完成作业任务。

### 范例1 "制订植物养护服务计划"作业评价表

| 评价标准 | 阳光币值 | 自评 | 同伴评 | 老师评 | 平均值 |
|---|---|---|---|---|---|
| 计划中各项目填写完整、清楚 | 3 | | | | |
| 学会的相关技能填写准确 | 3 | | | | |
| 服务时间安排合理 | 3 | | | | |
| 工具准备填写齐全 | 2 | | | | |
| 能初步预估遇到的困难，并写出解决办法 | 2 | | | | |
| 我（我们）获得的阳光币 | | | | | |

**设计意图**：在"制订植物养护服务计划"的作业中，教师设计了相应的评价表，有利于让学生在制订计划前就明确评价标准，为策划活动指明了方向，而作业完成后的自评、同伴评和老师评等多元评价，让学生体验到成功的喜悦，明确改进完善的地方，不断提高规划能力。

### 范例2 "给盆栽做名牌"作业评价表

| 评价标准 | 阳光币值 | 自评 | 同伴评 | 老师评 | 平均值 |
|---|---|---|---|---|---|
| 造型：形状美观、有创意，大小适当 | 3 | | | | |
| 内容：图文并茂，排版及颜色搭配合理 | 3 | | | | |
| 材质：材质选择适当，具有防水功能 | 3 | | | | |
| 挂牌：挂牌方式巧妙，位置合适 | 3 | | | | |
| 我获得的阳光币 | | | | | |

**设计意图**：在"给盆栽做名牌"实践作业中，教师在制作之前可与学生讨论制作盆栽名牌的要求，从而共同梳理出评价标准，形成上面的作业

评价表，这样的评价表能充分发挥评价的导向和激励作用，促进学生更好地完成实践任务。也有利于在展示评议作品时"有标可依"，提高学生的自我反思和评价能力。

总之，构建综合实践活动生长课堂，教师要从培养人的高度出发，抓住学科优势，增强作业设计意识，用心于理想作业的研究，努力体现作业的综合性、政治性、情境性、实践性、层次性、自主性、趣味性等特征，才能让学生在轻松、愉快的氛围中完成作业，变被动为主动，助推学生综合素质的提升，切实发挥作业在生长课堂中的育人功能。

# 第三章　生长课堂的教学设计举隅

《指导纲要》中明确指出，综合实践活动课程强调学生综合运用各学科知识，认识、分析和解决现实问题，形成并逐步提升对自然、社会和自我之内在联系的整体认识，具有价值体认、责任担当、问题解决、创意物化等方面的意识和能力。考察探究、设计制作、职业体验、社会服务是综合实践活动的四个主要的活动方式。在活动设计时可以有所侧重，以某种方式为主，兼顾其他方式；也可以整合方式实施，使不同活动要素彼此渗透、融会贯通。下面结合具体的教学设计呈现在不同的活动方式中如何落实生长课堂的教学主张，构建有问题、有结构、有任务、有生长力的课堂，助力学生核心素养的生长。

## 第一节　考察探究活动教学设计举隅

### 一、考察探究活动的内涵与实施建议

考察探究是综合实践活动课程主要的活动方式。《指导纲要》明确指出，考察探究是学生基于自身兴趣，在教师的指导下，从自然、社会和学生自身生活中选择和确定研究主题，开展研究性学习，在观察、记录和思考中，主动获取知识，分析并解决问题的过程。考察探究活动有独特的内涵和方式特点，成为落实"立德树人"根本任务和发展学生核心素养的关键路径。《指导纲要》明确了考察探究活动的关键要素包括：发现并提出问题；提出假设，选择方法，研制工具；获取证据；提出解释或观念；交流、评价探究成果；反思和改进。

生长课堂强调学生的主体地位，关注学生的自主发展，鼓励学生积极参与、主动探索，强调学生的个体差异和多元化的学习需求。因此，在考

察探究活动中，教师要把准关键要素，落实生长课堂的教学理念，立足学生真实的生长环境开发活动主题，引导学生运用实地观察、访谈、实验等方法多渠道开展探究，主动获取信息，并做出合理的分析和解释，在亲身经历发现、分析和解决问题的过程中形成严谨的理性思维，促进问题解决能力和勇于探究精神等素养的生长。

（一）活动准备阶段：精选活动主题，精心策划活动

在活动准备阶段，主要包含两个关键要素，一是发现并提出问题，二是提出假设、选择方法和研制工具。在这一阶段，教师首先要充分结合学生的已有经验，创设问题情境，引导学生提出感兴趣的问题，组织筛选生成有价值的、可行的活动主题。主题质量的高低会对后续的探究活动产生根本性的影响，教师在引导学生筛选生成活动主题的时候，要注意主题的选择要体现以下基本特征：源于真实的生活世界、学生感兴趣、学生前期已有一定的相关经验、会衍生出许多相关问题、便于学生展开探究获得一手信息、能从家长或身边的人获得专业支持等。这样的主题才能给学生提供生长更适合的"土壤"，有利于落实生长课堂的理念和目标。

一份完整、可行的计划是保障学生学习真实发生的关键。因此，在活动准备阶段，教师要留足时间组织学生制订研究计划。制订计划时提出研究假设以及选择研究方法是最重要的。教师要指导学生了解常见的研究方法，并根据课题实施的需要自主选择合适的研究方法。为使学生在研究过程中及时、准确地获取证据，可设计相应的实地考察记录表、采访表、实验方案等工具，保障学习顺利推进，提高学生的规划能力。

（二）活动实施阶段：突出实践探究，注重整理分析

在活动实施阶段，主要包含两个关键要素，一是获取证据；二是提出解释或观念。综合实践活动生长课堂倡导主动实践，让学生在真实问题的解决过程中促进素养的生长。因此，此阶段教师要创设条件，使学生将学校和社会、教育与生活联系起来，走入现实的情境或现场，通过多方搜集信息来解决要研究的问题，在观察、访问、实验、调查、考察等系列活动

中获取所需的资料，并对其进行整理与分析，从而得出恰当的结论，并进行不同深度的反思与分析。分析时可利用不同的形式与工具，如文字描述、图标呈现、照片诠释、思维导图绘制等，以使研究资料的呈现更加丰富和清晰。在此基础上，学生对研究资料进行解释，提出自己的看法与观点，进而对之前提出的假设进行验证，如果假设成立，则将假设视为研究的结论，如果假设不成立，则做出相应的调整或改变，并继续搜集相关的证据来进行佐证。

（三）活动总结阶段：注重活动反思，主张多元评价

本阶段包括两大要素：一是交流、评价探究成果；二是反思和改进。综合实践活动生长课堂倡导成果展示与评价的多样性和多元性。因此，在展示交流研究成果时，教师可引导学生通过手抄报、作品、表演、视音频、图表等多种方式呈现研究的主要结论和心得体会，并进行相互交流与评价。评价时可从价值体认、责任担当、问题解决、创意物化等多个维度设计评价量表……这一阶段，还要重视学生的反思性评价，可以设计反思单引导学生反思整个研究过程，诸如计划完善与否、工具准备是否妥当齐全、小组合作是否顺利、研究方法的选择和运用是否适宜、方法实施过程中遇到了哪些困难、分析与解释资料是否全面、结论提出是否合理等。在反思这些问题的基础上，学生意识到自己研究的价值及局限所在，进而可提出改进研究的策略与方法，为未来的研究奠定基础。

## 二、考察探究活动教学课例

### "寻找身边的小雷锋"综合实践主题活动方案

【主题说明】

本主题是根据《指导纲要》推荐的主题"学习身边的小雷锋"改造而成的综合小主题，是在小学阶段落实中共中央办公厅以及教育部、共青团中央《关于培育和践行社会主义核心价值观的意见》《关于深入开展学雷

锋活动的意见》《关于在全国青少年中深入开展学雷锋活动的实施意见》等精神的具体体现。每年的 3 月 5 日是学习雷锋纪念日，全国各地都会组织开展形式多样的学雷锋活动。当前，全国上下正在把培育和践行社会主义核心价值观作为凝魂聚气、强基固本的基础工程、战略工程。而雷锋精神正是社会主义核心价值观的具体体现。那么，在新时代学雷锋该学什么、怎么学，如何引导学生做一个新时代的小雷锋就成为一个重要课题。

四年级学生对雷锋这个名字并不陌生，对雷锋精神也有一些了解，但是大部分学生在活动中只停留在被动接受教育的状态，有的认为雷锋精神离我们很遥远，很少会主动去参与学雷锋服务行动。因此，通过活动让学生去寻找身边的小雷锋，了解新时代的雷锋精神，并用自己的行动践行社会主义核心价值观，争做新时代的小雷锋是非常必要的。

围绕着"学习雷锋好榜样"这一主题，可供活动的小主题很多，如"雷锋精神知多少""寻找身边的小雷锋""我也做个小雷锋"等。教师可以结合四年级小学生的兴趣和能力选择一个或多个主题开展活动，也可以跟学校少先队大队部开展的学雷锋活动整合开展。"寻找身边的小雷锋"就是其中的一个考察探究活动，旨在引导学生通过实地观察、访问等多种方法去寻找身边的小雷锋，挖掘雷锋精神的具体内涵，获得学习雷锋精神的价值体验，为争做小雷锋奠定情感基础。

【活动总目标】

1. 通过讨论交流，明确寻找身边的小雷锋的研究方法、研究内容和途径，了解解决问题的一般思路。

2. 在经历小组活动方案的初步制订、展示评议、修改完善的过程，增强规划意识和小组合作能力。

3. 通过亲历运用实地考察、访谈、查资料等方法去寻找身边的小雷锋的过程，了解小雷锋的事迹，获得学习雷锋精神的价值体验。

4. 能用喜欢的方式展示研究成果，主动分享体验和感受。

【适用年级】

四年级学生

【活动时长】

课内 4 课时＋课外

【活动规划】

| 活动阶段 | 课时建议 | 活动规划 |
| --- | --- | --- |
| 活动准备 | 课内2课时 | 课上，播放往年学雷锋活动照片，提出寻找身边的小雷锋的任务；学生讨论交流"怎样寻找身边的小雷锋"，梳理研究方法和研究内容；各小组自主选择研究方法，制订活动方案；讨论准备工作和注意事项，设计活动记录表，做好活动前的准备工作 |
| 活动实施 | 课外 | 利用课余时间，按照小组活动方案分头行动，通过查资料、实地观察、访谈等方法去寻找身边的小雷锋，教师跟踪活动进程，及时给予帮助和指导 |
| 活动总结 | 课内2课时＋课外 | 课上，各组根据研究成果选择合适的方式进行成果汇报，畅谈收获与反思，根据活动评价表进行自评、互评；拓展延伸，开展"我也做个小雷锋"社会服务活动 |

【各阶段的具体组织过程】

## 活动准备阶段

一、回顾前期活动，生成活动主题

1. 播放学校开展过的学雷锋活动照片，谈话生成活动主题。

2. 学生交流对雷锋精神的了解，明确研究内容。

师：寻找身边的小雷锋，就是要去寻找具有雷锋精神的人。那你们知道哪些行为属于小雷锋行为吗？

生自由发言，师适时进行归纳。可根据情况补充拍到的学生身边的具有团结友爱、热爱劳动、勤俭节约、刻苦努力等行为的小雷锋照片，让学生说说照片中体现的雷锋精神，拓展研究内容。

3. 分组，成立"亮眼睛星探队"。

【设计意图】：在以往的学习中，四年级的学生对雷锋精神已有一定的认知，也有参加学雷锋活动的经历，但是大部分学生缺乏参与活动的积极性，有的认为雷锋精神离我们很遥远，对雷锋精神的认识比较笼统。教师精选学校少先队开展的学雷锋活动照片，引发学生对身边小雷锋的关注；并组织交流对小雷锋精神的了解，调动学生的已有经验，提升学生对雷锋精神具体内涵的认识，为后续寻找小雷锋奠定认知基础；还创设成立"亮眼睛星探队"的情境，激发学生参与"寻找身边小雷锋"的活动热情，调动了学生成长的内驱力。】

二、全班讨论交流，明确研究方法

1. 师：你们知道要怎么去寻找身边的小雷锋吗？

2. 小组讨论后，学生自由发言，教师适时归纳板书、引导补充。

预设：

（1）学生可能会提出各种寻找小雷锋的方法，如：我想去操场看一看；我要到班里看看有没有人在帮助别人……

（2）学生可能提出要去寻找乐于助人的小雷锋，不知道雷锋精神还包括团结友爱、热爱劳动、勤俭节约、刻苦努力等。

指导策略：

（1）教师根据学生的交流适时进行归纳、追问，引导学生明白可以通过实地观察、查资料、访问等方法去寻找身边的小雷锋，并探讨出具体的观察地点、访谈对象和查资料的途径。

（2）教师补充拍到的学生身边具有团结友爱、热爱劳动、勤俭节约、刻苦努力等行为的小雷锋照片，让学生说说照片中体现的雷锋精神，拓展研究内容。

【设计意图】："如何寻找身边的小雷锋"是活动顺利开展的关键问题，教师创设平台，让学生展开讨论交流，通过引导对话、提供图片资源、梳理总结等多种指导方式，让学生在生生互动交流和教师的补充、总结中丰富经验，明确寻找小雷锋的多种研究方法和具体途径，了解雷锋精神的多

种行为体现，为后续寻找小雷锋的实践活动指明方向，体现生长课堂的综合性、开放性和多样性。】

三、小组制订方案，全班展示评议

1. 各组讨论汇报要选择的研究方法，教师引导各组选择不同的研究方法去寻找小雷锋。

2. 各小组讨论完成方案表（见表3-1），师巡视指导。

表3-1 小组活动方案

| 活动主题 | 寻找身边的小雷锋 | | |
|---|---|---|---|
| 研究方法 | 实地观察（√）访谈（ ）查资料（ ） | | |
| 小组分工 | 负责人 | 观察地点（√）<br>访问对象（ ）<br>查找途径（ ） | 时间 |
| | | | |
| | | | |
| 准备工作 | | | |
| 注意事项 | | | |

3. 请1到2个小组上台汇报小组活动方案，师生评议，重点评议小组分工、活动时间是否合理可行，准备工作和注意事项是否考虑周到。

4. 各小组修改完善活动方案。

【设计意图：在小组合作制订活动方案时，为了唤醒学生主动生长，教师要把选择权放给学生，让各小组自主选择寻找小雷锋的研究方法和途径，自主进行小组分工。当各组初步完成活动方案后，教师又把评价权下放给学生，让学生在师生、生生评议中不断完善方案，增强了规划意识和小组合作能力。】

四、设计活动记录，做好准备工作

1. 教师引导各组根据选择的研究方法设计相应的活动记录表，并给予必要的方法指导。

选择查资料的研究方法可指导设计"身边的小雷锋"资料卡（见表3-

2）；选择实地观察的研究方法可指导设计"寻找身边的小雷锋"观察记录（见表3-3）；选择访谈的研究方法可指导设计"我的访谈记录"（见表3-4），并引导学生通过讨论交流、观看视频、模拟练习等方法学会选择合适的访谈对象、与访谈对象预约、访谈技巧等。

表3-2 "身边的小雷锋"资料卡

| 小雷锋 | 主要事迹 | 资料来源 |
|---|---|---|
|  |  |  |
|  |  |  |
|  |  |  |

表3-3 "寻找身边的小雷锋"观察记录

| 观察地点 | 学校门口 | 上学路上 | 操场上 |
|---|---|---|---|
| 我发现的小雷锋行为 | 小阳带一年级小同学过马路 |  |  |
| 雷锋精神 | 乐于助人 |  |  |

表3-4 我的访谈记录

| 小记者 |  | | |
|---|---|---|---|
| 访谈对象 | 林老师 | 访谈地点 | 访谈时间 |
| 访谈目的 | 了解班里有哪些小雷锋 | | |
| 访谈步骤 | 联系访谈对象<br>做好访谈准备：拟定访谈提纲、准备相关工具<br>实施访谈 | | |
| 访谈提纲 | 班里有哪些小雷锋<br>他们有哪些事迹 | | |

【设计意图：综合实践活动倡导学生自主实践的同时，也不能忽视教师有效的指导。在活动之前，教师指导学生设计资料卡、观察记录表、访谈记录表等学习工具，为学生提供了必要的学习支架以及研究方法的指导，这样可以更好地推动学生自主实践，保障活动的顺利进行。】

## 活动实施阶段

各小组按照小组活动方案分头行动,通过查资料、实地观察、访谈等方法去寻找身边的小雷锋。活动过程中教师跟踪指导,也可邀请家长参与指导。

一、查资料

学生可到社区宣传栏、学校宣传栏、荣誉榜上找找小雷锋的事迹;可到文明网、校园网上收集有关信息;可查阅报纸、好人好事登记本寻找小雷锋身影……教师可根据班级、学校、社区情况引导学生通过多种渠道、有针对性地去查找资料,并将查阅到的资料用资料卡或幻灯片等形式进行整理。

二、实地考察

学生可在校园内、校门口、社区等同学经常出入的地方去观察身边的同学,发现他们身上的雷锋精神,可以是乐于助人、拾金不昧、勤俭节约、刻苦学习、爱护环境等。教师要引导他们选择合适的时间和地点,提示学生观察应有一定的周期才能收集到更多的信息;要把观察到的现象及时记录下来,有条件的可以把发现的小雷锋拍摄下来。

三、访谈

学生通过访问同学、老师、社区老人等,了解他们见过的小雷锋及事迹,教师引导他们选择合适的对象和时间进行采访,并做好采访记录。

【设计意图:活动方案只是纸上谈兵,在具体寻找小雷锋的过程中,学生们还会遇到各种困难。因此,教师在为学生提供开放的实践空间的同时,要注重对学生活动过程的跟踪指导,并邀请家长协助,这样更有利于及时地指导、帮助学生解决遇到的困难,保障活动安全、有效开展。】

## 活动总结阶段

1. 师:在本主题活动中,同学们寻找到了不少的小雷锋。你们想用什么方式向大家展示汇报呢？生自由发言，师引导学生根据研究成果选择合适的展示方式。

2. 学生讨论确定展示方式，做好展示前的准备。

3. 各组用喜欢的方式进行成果展示。

(1) 小小故事会

各组把寻找到的小雷锋的事迹用讲或表演的形式在全班分享。教师可提示学生可以一个人讲述故事，也可以几个人合作表演，还可以加上道具或幻灯片背景，让故事会更精彩。同时要留出时间让学生自主安排角色、自主进行排练，确保学生活动积极性和故事会的效果。

(2) 小雷锋宣传团

教师引导学生对所获得的信息按照助人为乐、勤俭节约、刻苦学习、爱护环境等不同的雷锋精神进行分类整理，然后重新组合小组，成立一个个"小雷锋宣讲团"，到各班进行宣讲，让更多的人来学习雷锋精神。

4. 学生畅谈收获与反思。教师可引导学生从活动态度、活动能力、活动成果等方面进行总结和反思。

【设计意图：学生的研究成果与活动中的感受要通过恰当的方式表达、展示出来，教师注重学生成果展示前的指导，并创设了"小小故事会"和"雷锋宣讲团"的展示交流平台，目的在于指导学生根据研究成果和兴趣特长选择合适的展示方式，向更多的人一起分享，促使个人的经验在分享交流中得到进一步丰富和提升。】

## "生活小窍门，快乐大搜索"综合实践主题活动方案

【主题说明】

在我们的生活中常常会遇到各种小难题，如：如何洗葡萄、眼睛进了小灰尘怎么办、快用完的牙膏怎么轻松挤出来……如果能查找到这些小难题的解决小窍门，将轻松成为生活的小能手。因此，"生活小窍门，快乐

大搜索"这个活动主题是一个学生感兴趣的话题，不仅易于激发他们的探究欲望，而且体现了研究问题来源于生活、应用于生活的理念。另外关于生活中的小窍门，资料来源广泛，资源丰富，五年级学生在以往的学习经历中已掌握一定的查找资料的方法，但是可以通过哪些具体途径去寻找生活中的小窍门，怎样对收集到的资料进行合理的筛选和整理，如何验证资料的真伪等，仍需要教师的进一步指导，因此，以寻找生活小窍门为任务驱动，可以让学生在真实的活动经历中，由浅入深、循序渐进地学习查找和整理资料的方法和技巧。

【活动总目标】

1. 通过经历查找"生活小窍门"的实践过程，了解查找资料的方法和途径，学会运用各种途径正确查找自己所需要的资料，提高收集信息的能力。

2. 通过对查找到的"生活小窍门"的资料进行筛选与整理，学会制作资料卡，提高整理资料的能力。

3. 通过参与"生活小窍门，有招我就来"交流会，学会与人交流、分享研究成果，提高口头表达能力和小组合作能力。

4. 运用查找到的资料解决生活中的小难题，提高发现问题、解决问题的能力。

【适用年级】

五年级

【活动时长】

课内 6 课时＋课外

【活动规划】

| 活动阶段 | 课时建议 | 活动规划 |
|---|---|---|
| 活动准备 | 课内 2课时 | 课上，教师创设解决生活小难题的情境，引出活动主题；引导学生讨论交流，教师适时补充、归纳，明确"生活小窍门"的查找目标、途径和方法；接着，各小组讨论制订"生活小窍门"活动计划；最后，针对学生提出的困难，教师给予必要的方法指导 |
| 活动实施 | 课内2课时＋课外 | 课后，各小组按照活动计划，通过多种途径查找想了解的"生活小窍门"的信息，教师跟踪活动进程；课上，指导学生对收集的资料进行筛选、整理，学习制作资料卡 |
| 活动总结 | 课内2课时＋课外 | 课上，各组讨论制订成果汇报计划，选择合适的方式在"生活小窍门"汇报会上展示成果；出版成果专刊分享小窍门；畅谈活动收获与反思，总结查找资料的基本过程和方法 |

【各阶段的具体组织过程】

## 活动准备阶段

一、情境导入，生成活动主题

1. 教师创设情境，提出生活中的问题，学生思考解决的小窍门。如：昨天老师的女儿裤子不小心粘到口香糖了，你们有什么办法能帮助老师把口香糖去掉吗？

2. 学生交流各自的解决办法，师生评议，最后教师出示在网上查找到的资料"白酒去除口香糖"，并当场试验，学生发表感想。

3. 教师小结，生成活动主题。

【**教师指导要点**：教师课前要搜集一些生活中的小窍门，选择便于操作，能激发学生兴趣的小窍门在课堂上展示，让学生感受到一个简单实用的小窍门，就会轻松解决生活中的烦恼，给人们带来便利，让生活更精彩，以此激发学生搜索生活小窍门的兴趣。】

二、讨论交流，确定查找目标

1. 学生自由交流：准备了解哪方面的小窍门，教师适时归纳、补充（清洁小窍门、日用品妙用、废物利用小窍门、节能小窍门……）。

2. 各小组讨论选择其中一个方面去查找相关资料（也可让想研究相同方向的学生重新组合成一组）。

【教师指导要点】：生活中的小窍门涉及的范围很广。教师要引导学生对主题进行分解，从衣、食、住、行各个方面提出自己感兴趣的问题。如果想研究相同方向的人太多，有的方向没人研究，教师可进行适当引导和调整。】

三、交流途径，明确查找方法

1. 学生针对自己研究的主题，说说准备到哪里去查找资料，根据大家提供的线索进行归纳、补充，形成分类表，让学生了解查找资料的一般途径，如表3-5所示。

表3-5 查找资料途径分类表

| 知情人士 | 老师、朋友、家长、专家…… |
|---|---|
| 相关单位 | 政府部门、科研机构、社会团体…… |
| 印刷品 | 图书、报纸…… |
| 电子信息 | 互联网、广播、电视…… |

2. 结合查找途径的分类表，讨论采用的查找资料的方法，既可以通过访问、观察、调查等方法直接获取资料，也可通过视听、阅读等方法得到相关资料。

【教师指导要点】：五年级学生对于查找资料还很茫然，面对浩瀚的信息海洋，不知从何下手。究其原因，是学生不知道通过什么途径去寻找自己需要的信息。因此，"确定查找途径"这个环节的重点是帮助学生解决找不到信息的困难，让学生了解查找资料的一般途径。在具体的指导过程中，教师可以调动学生的已有经验，先让学生说说准备到哪里搜集资料，再归纳、补充形成分类表。由于缺乏社会经验，分类表中有些内容学生可能不了解，如科研机构、社会团体等，教师可以结合身边的资源做必要的

解释，帮助学生理解。】

四、小组合作，制订活动计划

1. 各小组讨论制订"生活小窍门"小组活动计划（见表3-6）。

表3-6 "生活小窍门"小组活动计划表

| 班级 | | 组名 | |
|---|---|---|---|
| 组长 | | 组员 | |
| 查找目标 | | | |
| 查找途径和方法 | | | |
| 小组分工 | | | |
| 注意事项 | | | |

2. 各小组交流活动计划，师生评议。

【**教师指导要点**】：各小组交流活动计划时，教师要引导学生对计划的合理性和可行性进行评价，重点引导学生评议查找途径和方法是否可行、小组分工是否合理，在深入互动交流中提高发现问题、解决问题的能力，增强规划意识。】

3. 学生针对选择的研究方法提出困难，教师根据反馈情况适时进行方法指导。

【**教师指导要点**】：（1）访谈是收集资料最直接的方法。对于生活中的小窍门，教师、家长、邻居、朋友都有丰富的生活经验，为学生获得资料提供了丰富的资源。教师可以指导学生从身边的人开始访谈。但是五年级小学生访谈经验不足，所以教师要提示学生注意访谈礼仪，教给学生一些访谈技巧，如怎样提问、怎样记录等，即使是访谈自己的家人，也不例外。除了请教身边的人，对于一些专业知识，还可以让学生去一些相关部门采访。外出活动，教师要考虑时间和安全问题，还要得到学校、家长的支持和帮助，并事先与访谈对象联系，以保证访谈的成功。（2）对于生活中的小窍门，书籍、报刊、网络也有很多相关的信息资源。有条件可以组织学生到学校图书馆和电脑室去集中查找资料，这样既能保证全体同学都

能参与，又便于教师跟踪了解学生在查找资料过程中遇到的一些问题，及时给予指导和帮助，提高学生收集资料的能力。】

## 活动实施阶段

一、分头行动，查找资料

各小组按照制订的活动计划，通过多种途径查找想了解的"生活小窍门"，有的到图书馆查阅资料，有的从网上查询资料，有的进行家庭小调查，力争从不同角度去了解生活中的小窍门。

二、筛选信息，整理资料

1. 各小组在组内交流收集到的资料，填写"小组资料汇总单"（见表3-7）。

表3-7 "生活小窍门"小组资料汇总单

| 组名 | | 组长 | |
|---|---|---|---|
| 组员 | | | |
| 查找目标 | 吃的妙招（　　）　穿的妙招（　　）　住的妙招（　　）　用的妙招（　　） | | |
| 查找情况 | 读一读，数一数，我们共查找到了_____个生活小窍门，分别是：<br>1. 巧除不干胶<br>2. 如何去除衣服上的圆珠笔印<br>3. | | |
| 我们发现的问题 | | 解决办法 | |
| | | | |

2. 各组交流资料整理中发现的问题，教师归纳板书，引导探究解决办法。

预设：(1) 有些同学查找到的资料是重复的（板书：重复）；(2) 有的资料与查找目标不一致（板书：无关）；(3) 有的资料太多、太繁琐了（板书：繁琐）；(4) 有的资料说得太简单（板书：不具体）；(5) 不知道资料上说的小窍门是否可行（板书：真伪）。

【教师指导要点】：教师可以先引导学生说说解决办法，再适时进行补充或者播放"资料的筛选"微课，师生共同归纳筛选资料的方法：（1）剔除重复的、无关的资料；（2）不全面的要找齐补全；（3）标画出重要内容，筛选所需的资料；（4）不懂的词句查明白，用自己的话概括；（5）真伪要验证，不真实的要淘汰。】

3. 各组运用方法筛选资料，教师巡视指导。鼓励学生对一些小窍门亲自动手试一试，或者在家长的协助下验证这些资料的准确性和可行性，完成实践验证单（见表3-8）。

表3-8 "生活小窍门"实践验证单

| 生活小难题 | 怎么去除不干胶遗痕 | | | | |
|---|---|---|---|---|---|
| 解决小窍门 | 在不干胶贴背面涂上风油精（浓一点），片刻泅透后以干布用力擦即可脱落，不留痕迹；因为风油精能够溶解不干胶有效成分 | | | | |
| 资料来源 | 网络 http://ling yan. baidu. com | 收集人 | 施老师 | 收集时间 | 2017年4月12日 |
| 实验准备 | 有不干胶遗痕的物品、风油精1瓶、干布一块 | | | | |
| 验证结果 | | | | | |
| 验证人 | | | 验证时间 | | |

4. 学习制作资料卡：学生交流制作资料卡的已有经验，教师出示资料卡范例，指导各组对筛选、验证后的一些有参考价值的小窍门，分门别类整理成资料卡，每张卡片记录一个小窍门，并且标明资料的来源。

## 活动总结阶段

一、小组讨论，制订汇报计划

各小组讨论制订参加"生活小窍门"交流会的成果汇报计划（见表3-9），选择好汇报的内容和方式，并做好相关的准备工作。

【教师指导要点】：在举行交流会之前，教师要引导各组根据查找到的小窍门选择合适的展示方式，展示的方式可以是展板、简报、幻灯片、文

档等文字介绍，也可以是现场演示，并留出足够的时间和空间让各小组进行汇报前的准备工作，以保障成果汇报会的有效开展。】

表3-9 "生活小窍门"小组汇报计划

| 班级 | | 组名 | | | |
|---|---|---|---|---|---|
| 组长 | | 组员 | | | |
| 汇报安排 | 汇报内容 | 汇报方式 | | 汇报人 | 准备工作 |
| | | | | | |
| | | | | | |
| 注意事项 | | | | | |

二、举行"生活小窍门"交流会

选择合适的场地举行一场"生活小窍门"交流会，各小组选择喜欢的方式，围绕"吃的窍门""穿的窍门""用的窍门"等方面来展示交流研究成果。

【**教师指导要点**：为了确保交流会效果，要选择合适的场地，做好必要的工具准备，如演示台、多媒体设备等，让学生更好地进行展示交流。各组展示交流后，教师可引导学生进行评价，评价时既要关注各组的汇报表现，又要关注研究结果，同时要引导学生对资料的获得过程进行总结回顾，这样既让学生分享到成功的乐趣，也能让学生感悟到研究的价值和意义。】

三、制作"生活小窍门"成果专刊

各小组将制作的资料卡张贴在"生活小窍门"成果专刊上，学生互相欣赏、阅读，评选"最佳窍门卡"。

【**教师指导要点**："生活小窍门"成果专刊制作完成后，不能让其成为摆设，要组织学生进行欣赏、阅读、评价，让资源得到更好的共享，也进一步让学生体验到查找资料和制作资料卡的意义。】

四、畅谈活动收获和体会

学生交流参加本次活动的收获和体会，教师引导学生归纳出查找资料的基本过程，总结自己在活动过程中学到的方法（板书：明确目标—确定查找资料的途径—选择查找资料的方法—查找资料—整理资料）。

【**教师指导要点**：在总结交流阶段，教师要组织学生对活动的过程进行总结回顾，让学生说说自己学到了哪些方法，有哪些收获和体会。在学生畅谈收获的时候，教师要有意识地指导学生对查找资料的基本过程和方法进行梳理、归纳，巩固学生的再认识。】

## 附录

### 《指导纲要》考察探究活动推荐主题及其说明

| 学段 | 活动主题 | 简要说明 |
| --- | --- | --- |
| 1~2年级 | 1. 神奇的影子 | 体验踩影子游戏、手影游戏的乐趣，了解影子在生活中的应用；创作、交流简单的手影游戏、故事、舞蹈，初步体验科学探究的乐趣 |
| | 2. 寻找生活中的标志 | 通过访问、观察、实地考察收集生活中的各种标志，如安全标志、交通标志、社会团体类标志、汽车标志等，理解其含义；提高收集、整理、分析和利用信息的能力，初步树立规则意识 |
| | 3. 学习习惯调查 | 了解和观察本班（年级）同学在读写姿势、文具的使用、阅读与写字等方面的习惯，讨论、总结不良学习习惯的表现、危害，研究和分析养成良好学习习惯的方法；开展主题班队会，增强对学习习惯重要性的了解和重视；持续开展学习习惯宣传与纠错活动，相互帮助，自觉养成良好学习和行为习惯 |
| | 4. 我与蔬菜交朋友 | 通过访问、交流了解同学们对吃蔬菜的态度；到菜市场或菜园考察蔬菜的形状、种类，了解蔬菜的营养对学生成长的重要性；选择种植一种芽苗菜，体会种植的快乐与辛苦，增进对蔬菜的情感 |

续表

| 学段 | 活动主题 | 简要说明 |
|---|---|---|
| 3～6年级 | 1. 节约调查与行动 | 通过访问、调查、实地考察等多种方式，了解家庭（或学校、社区某些场所）的水（或电、粮食等资源、一次性生活用品等）的浪费情况，设计有针对性的节约方案；开展节约（合理用电、光盘行动、减少一次性用品使用）倡议与行动，并记录、分析效果，提高实践能力，增强节约资源意识 |
| | 2. 跟着节气去探究 | 结合二十四节气，观察身边的植物、动物、天气等物候变化；长期坚持，认真做好记录，并尝试编制当地的自然日历，理解农业生产与物候变化的关系；关注自然现象，探索自然变化，初步树立严谨求实、一丝不苟的科学态度 |
| | 3. 我也能发明 | 观察、分析、讨论日常生活中各种用品、物件使用过程中的问题；学习和运用发明创造的多种方法，针对发明创造对象进行功能改进或重新设计，并在实际生活中加以应用和检验，提高动手能力，培养创新精神 |
| | 4. 关爱身边的动植物 | 观察身边常见的动植物，如校园植物、家庭（社区）宠物、大自然中的各种昆虫、农田中的动植物等；选择其中一种或多种进行小实验、分析与研究，了解其自然特征（习性）并自觉加以保护，增强关注自然、热爱自然的情感，提高科学探索能力 |
| | 5. 生活垃圾的研究 | 收集资料、了解国内外垃圾分类和处理的有关内容，调查、了解身边各种生活垃圾的处理方法；分析针对现状问题可采取的措施，设计家庭（学校、社区）垃圾箱和垃圾有效分类回收的方案，增强环境保护意识 |
| | 6. 我们的传统节日 | 结合时令，选择端午节、中秋节、重阳节、春节等一个或几个传统节日，利用收集资料、访问、实地考察等方法，了解节日的来历、习俗、故事等；参与体验该节日的1～2种习俗，并进行交流分享，增强对传统文化的探究意识和认同感 |

续表

| 学段 | 活动主题 | 简要说明 |
|---|---|---|
| | 7. 我是"非遗"小传人 | 了解非物质文化遗产的种类、特点、保护现状（如"二十四节气"等），访问本地非物质文化遗产传承人；讨论传承和保护非物质文化的方法、措施和建议，开展非物质文化遗产的传承活动；理解认同家乡传统文化，并乐于传承 |
| | 8. 生活中的小窍门 | 通过资料收集、调查、实地考察等方式了解各种生活小窍门，通过动手实验加以验证，设计宣传方案；丰富生活经验，锻炼动手实践能力 |
| | 9. 零食（或饮料）与健康 | 调查、交流同学们吃（喝）零食（饮料）的现状；通过查阅资料、访谈了解其对健康的影响，了解科学选择零食（饮料）的方法；动手制作1~2种健康零食（饮料），并召开班级展示分享会，增强健康的饮食意识 |
| | 10. 我看家乡新变化 | 通过调查、访问、参观等多种方式，了解和感受家乡在经济、文化、建筑、交通、生活方式等方面的变化与发展，用摄影、绘画、手抄报、作文、故事等多种形式，展示家乡新变化；增进知家乡、爱家乡的情感，增进建设家乡和祖国的责任感、使命感 |
| | 11. 我是校园小主人 | 通过观察、访问、实地考察等方式，了解和分析校园的自然环境、规划布局、设施设备、文化景观、文化活动以及安全保障等方面的状况，提出校园建设和发展建议，增进知学校、爱学校的责任感 |
| | 12. 合理安排课余生活 | 通过调查和了解同学们在学校课间、家庭、假期等时间的生活安排情况（如学习培训、健身、业余爱好等）；分析合理安排课余生活的方法与要求，制订合理利用课余生活的计划，开展有意义的课余活动，体验并记录活动感受，养成健康生活习惯，增强自我管理意识 |

续表

| 学段 | 活动主题 | 简要说明 |
|---|---|---|
| | 13. 家乡特产的调查与推介 | 通过资料收集、访问、实地考察等多种方式，了解和调查家乡的特产；设计与策划推介方案，增进热爱家乡、关心家乡、建设家乡的感情 |
| | 14. 学校和社会中遵守规则情况调查 | 收集信息了解学校和社会中的各种规则，如校规校纪、交通规则、公共文明行为准则等，增强遵规守纪意识；观察同学和社会公民在遵守规则方面的实际表现；通过访谈或问卷调查了解人们遵守规则的情况；针对观察、调查中发现的实际问题，提出增强人们规则意识的建议 |
| | 15. 带着问题去春游（秋游） | 在春游（秋游）外出考察前，利用网络、书籍等多种途径，了解所去场所的基本情况、资源内容与特点，能够提出研究问题，设计考察方案；通过任务驱动的方式，有效地开展实践活动，获得研究结论；培养项目设计的意识和能力，积极参与校园生活，增强团队合作意识 |

## 第二节 设计制作活动教学设计举隅

### 一、设计制作活动的内涵与实施建议

设计制作是综合实践活动课程主要的活动方式。《指导纲要》指出，设计制作指学生运用各种工具、工艺（包括信息技术）进行设计，并动手操作，将自己的创意、方案付诸现实，转化为物品或作品的过程，如动漫制作、编程、陶艺创作等，它注重增强学生的技术意识、工程思维、动手操作能力等。《指导纲要》明确了设计制作的关键要素包括：创意设计；选择活动材料或工具；动手制作；交流展示物品或作品，反思与改进。在设计制作活动中，教师要把握生长课堂的核心特征，鼓励学生手脑并用，灵活掌握、融会贯通各类知识和技巧，提高学生的技术操作水平、知识迁移水平，体验工匠精神等。

## (一)创意设计,让设计制作有"案"可依

设计与制作是给予一定设想而进行有规划和创造的活动。在综合实践活动生长课堂中,教师不能为了物化而物化,它应该是在解决学生现实生活中具有一定意义的真实问题的过程中达成的。我们不能将学生圈在学校之中,囿于课堂之上,而应该从学生的真实生活和发展需要出发,用真实的任务带领学生展开研究,使学生的考察探究成为满足自身需要的一种方式,从而真正进入到有意义的、主动的学习中。在"创意设计"环节,教师应组织学生对设计方案进行展示与评议,学习他人的经验,吸纳他人的建议,从而进一步完善方案。评议时,教师要引导学生综合考虑自身能力、工具、环境等因素,反思方案的可行性、科学性和适切性,以保证方案的实施和目标的达成,最终实现创意物化。

## (二)自主选择,让设计制作有"具"实施

工欲善其事,必先利其器。判断材料是指能够根据现实所需及材料本身的特点选择恰当的材料。为了发展学生的"材料认知技能",在"选择活动材料或工具"这一环节,教师要为学生提供一个独立判断和选择的机会,哪怕是做出不恰当的甚至是错误的选择,也可以是反思性学习的契机。在学生对材料和工具的准备过程中,我们可以从中直观感受到学生思维的多样化,这些都是学生的个性化方案设计,体现了综合实践活动生长课堂的自主性和开放性特点。

## (三)主动实践,让创意物化得以实现

在"动手制作"环节,教师要将课堂还给学生,做到真正地解放思想,放开手脚,让学生自主探究,自由创造。学生可以采用独立完成或者小组合作的方式进行活动。他们在自主实践中思考困难解决方式,真正调动起来多学科知识和技能来将创意物化。在这过程中,教师要做到有效助学,满足组别差异的需要。每个小组的进度不齐,教师要因组施教,为其提供不同的助学方式和求教资源,有效助力学生实践。如遇到制作类难题

可以引导寻求美术老师或专业师傅的帮助，遇到科学问题可以咨询科学老师等。在老师的指导下，学生通过自己的努力让设计真正成为现实，也是学生成长真实地发生的过程，是对学生团队协作、沟通交流、动手能力、创新精神等素养的真正历练。

### （四）多元展示，让创意物化丰富多彩

展示是学生大部分创造性活动的最后环节。展示创造性成果，是自我反思与他人评估的机会，同时也能够激发学生再创造的动力。生长课堂注重学生学习成果的多元化展示。因此，制作活动完成之后，要组织学生开展成果展示交流活动。教师要指导学生通过交流设计制作的实践过程（包括其间所经历的快乐乃至痛苦），展示实践成果，解释其工作原理，澄明并提升其思维过程等，以期与同伴在思维、情感上"相遇"。在组织过程中要注意以下两点：一是鼓励以多元方式进行交流、展示；二是促进多元化自我表达能力的发展。

### （五）反思与改进，让创意物化意义深远

反思与改进过程是学生发展反省思维必不可少的环节，具有重要的意义。教师要鼓励学生独立思考、自我反思，引导学生对学习计划、学习过程和学习结果进行评估，培养学生的自我反思能力。学生不仅要对自己的表现和成果进行总结、反思，还要学会依据评价目标对他人的作品进行评价。评价的标准和方式应坚持儿童视角，在价值层面以儿童标准而不是成人标准进行评价，在评价方式方面应将结果性评价与过程性评价相结合，引导儿童产出创造性产品，也同样鼓励创意想法和大胆实践。鼓励相互欣赏、相互关心，不断进行积极的倾听与对话，避免消极的批评与指责。

## 二、设计制作活动的教学课例

### "废品创意与制作"综合实践主题活动方案

【主题说明】

"废品创意与制作"是教育科学出版社四年级上册主题单元"我是环保小达人"中的一个主题活动。这个主题单元设计了"生活垃圾的回收与利用""废品创意与制作""我做环保宣传员""创建环保银行"四个主题活动，涉及考察探究、设计制作、社会服务、职业体验四个不同活动方式。"废品创意与制作"这个主题活动是在学生开展了考察探究活动"生活垃圾的回收与利用"的基础上开展的。学生在"生活垃圾的回收与利用"这个主题活动中对生活垃圾怎样做到有效回收与利用已有了一定的认识，在畅谈活动收获与体会的时候，大家都纷纷表示想用自己的行动来做好垃圾的回收与利用。但是如何将自己的认识和行动结合起来，做到知行合一呢？这就需要给学生创造行动的机会，而用自己的巧手来变废为宝就是一个很好的行动，既符合四年级学生的兴趣和能力，也有利于落实环保教育和劳动教育，这个主题活动就是在这样的背景下产生的。本主题活动是以设计制作为主要活动方式，旨在引导学生运用美术等学科掌握的手工技能和创意方法，选择生活废品进行创意设计与制作，提高学生的实践创新能力和工程思维，体验变废为宝的乐趣，感受劳动创造价值的道理，增强环保意识。

【活动总目标】

1. 认识变废为宝的意义，乐于动手用生活废品制作创意作品，增强环保意识，感受劳动创造价值的道理。

2. 能选择生活中的废品，运用各种工具和掌握的手工技能，进行创意设计，独立或跟同学合作完成废品创意制作设计方案，提高规划能力，增强创新意识。

3. 能动手制作，将设计方案进行物化，提高动手操作能力、知识迁移水平和工程思维。

【适用年级】

四年级

【所需时长】

课内 7 课时＋课外

【活动规划】

| 活动阶段 | 课时建议 | 活动规划 |
| --- | --- | --- |
| 主题生成 | 课内<br>1课时 | 课上，播放生活垃圾乱丢弃和变废为宝的照片，师生谈话生成主题；学生交流看过或做过的生活废品创意作品，探究制作材料；学生交流寻找创意灵感的途径，师适时推荐相关网站、公众号和书籍等；课后，布置收集废品创作的资料，收集可利用的废旧物品 |
| 创意设计 | 课内<br>1课时 | 课上，学生展示交流带来的生活废品创意作品图片，交流启发；学生初步构思创意设想，在全班交流分享；教师出示设计方案范例，学生独立或与同学合作制订设计方案；展示评议、修改完善设计方案 |
| 动手制作 | 课内2课时<br>＋课外 | 课前，按照设计方案准备好所需材料和工具；课上进行动手制作，尝试实现创意设想，教师巡视指导 |
| 展示交流 | 课内2课时 | 课上，师生共同讨论制订作品评选标准；举行"让废品闪光"作品发布会，学生展示分享自己的创意作品，评选各类奖项 |
| 反思改进 | 课内1课时<br>＋课外 | 课上，学生分享成功经验和遇到的困难；结合评分标准自评和互评，交流改进办法和新想法；课后，对原来作品进行改进或创作新作品 |

【各阶段的具体组织过程】

## 第一阶段：主题生成

内容分析：本阶段是"废品创意与制作"主题生成阶段，旨在通过播放视频、讨论交流等形式让学生感受到变废为宝的意义，激发废品创意的设计与制作的兴趣，生成活动主题。

学情分析：学生在前阶段"生活垃圾的回收与利用"主题活动中，对如何有效回收与利用垃圾已有了一定的认识，在以往的学习生活中也参与过变废为宝的活动，对变废为宝的设计制作活动有较大的兴趣。

教学目标：

1. 认识变废为宝的意义，产生用生活废品制作创意作品的兴趣，增强环保意识。

2. 通过讨论交流等形式，了解寻找废品制作的创意和灵感的途径。

重点难点：了解寻找废品制作的创意和灵感的途径。

课前准备：课件

所需课时：课内 1 课时

教学过程：

一、观看图片，生成活动主题

1. 观看生活垃圾乱丢弃和回收利用的照片。

2. 学生交流感受。

3. 教师小结，揭示活动主题。

**【教师指导要点：引导学生通过观看照片和交流感受达到下面目标，进而引出活动主题。（1）了解废物乱丢弃的害处：不仅挤占了宝贵的土地资源和生存空间，还严重影响我们的生活；（2）感受废物回收利用、变废为宝的意义；（3）产生动手实践变废为宝的兴趣。】**

二、交流作品，探究制作材料

1. 学生交流看过或做过的生活废品的创意作品。

2. 教师询问制作材料，并适时板书。

**【教师指导要点：根据学生的回答梳理制作材料，如一次性用品、饮料瓶、洗衣液（沐浴）瓶、零食瓶罐、纸盒（箱）、废旧衣物……】**

三、讨论交流，了解寻找灵感途径

1. 学生交流寻找创意和灵感的途径。

2. 教师适时板书，并补充推荐相关网站、公众号和书籍等具体途径。

**【教师指导要点：补充推荐寻找灵感的途径。（1）网站推荐：①手艺活网 https://www.shouyihuo.com/ep/，②51 费宝网 http://www.51feibao.com/；（2）书籍推荐：《环保手工》《变废为宝》；（3）公众号推**

荐：DIY 手工制作大全、创意铺子。】

四、课堂小结，布置课后任务

1. 教师谈话小结。

2. 布置课后任务：收集废品创意制作的资料，收集可利用的废旧物品。

【教师指导要点：引导学生选择自己喜欢和可行的途径收集变废为宝的资料和废旧物品。】

## 第二阶段：创意设计

内容分析：本阶段是学生动手制作前的创意设计阶段，旨在让学生对废品制作进行创意构想，明确作品预期模型、所需材料、制作步骤、注意事项等，培养学生的工程思维，提高规划能力。

学情分析：学生在以往的学习生活中，已经历过设计制作的学习活动，对设计方案的要素有了初步认识；课前也收集了变废为宝的相关资料，从中获得了一些创意和灵感。

教学目标：

1. 在交流收集的变废为宝的资料和观察收集的废品中，产生废品创意制作的灵感和动机。

2. 独立或跟同学合作，初步完成废品创意制作设计方案，并在经历展示评议、修改完善设计方案的过程，提高规划能力，发展工程思维。

重点难点：经历废品创意制作设计方案的"初步制订—展示评议—修改完善"的过程，提高规划能力，发展工程思维。

课前准备：

教师：课件、打印设计方案表。

学生：收集生活废品创意作品的资料和废旧物品。

所需课时：1课时

教学过程：

一、展示资料，分享启发

1. 学生展示交流课前收集到的生活废品创意作品图片等信息。

2. 教师询问学生信息来源、启发、喜欢理由。

**【教师指导要点：**（1）引导学生发现交流的作品的制作材料、作用、制作方法等，并受到创作启发；（2）归纳变废为宝作品评价标准：实用、美观、创意。**】**

二、提出构思，初订方案

1. 学生拿出带来的废旧物品，先仔细观察，发挥想象，初步构思创意设想。

2. 小组中交流初步创意设想，指名在全班分享。

3. 教师出示设计方案范例，让学生阅读后，交流从范例中发现的填写要求或困惑，教师根据学生的回答小结和解惑。

4. 学生独立或与同学合作初订废品创意制作设计方案（见表3-10）。

表 3-10　废品创意制作设计方案

| 作者 | |
|---|---|
| 作品名称 | |
| 设计草图 | |
| 所需材料 | |
| 所需工具 | |
| 制作步骤 | |
| 注意事项 | |

**【教师指导要点：**（1）引导学生根据废旧物品的外形，运用改一改、加一加、减一减等方法进行创意改造；（2）引导学生将废品改造成玩具、学习用品、生活用品、饰品等有用的东西；（3）引导从设计方案范例中发现画草图除了画出造型，还可用文字将做法、用途等标注出来。**】**

三、展示评议，修改方案

1. 选择有代表性的3~4份设计方案在全班进行展示，师生评议。

2. 学生修改完善设计方案。

【教师指导要点：引导学生从下面几个方面进行评议、质疑或补充。（1）作品的初步构思（草图）是否美观、实用、有创意；（2）选择的材料是否合理（废物利用）；（3）制作步骤是否清楚、可行。】

四、课堂小结，布置任务

1. 师生活动，进行课堂小结。

2. 布置课后任务：

（1）修改完善设计方案；

（2）按照设计方案准备好所需的材料和工具。

## 第三阶段：动手制作

内容分析：本阶段是动手制作阶段，学生将根据第二阶段完成的设计方案，准备好所需的材料和工具，并动手实践，将创意物化出来，有利于提高学生的动手实践能力和工程思维。

学情分析：学生在美术课和其他一些学习活动中，已经掌握了一些基本的手工工具使用和手工技能，具有一定的动手操作能力。

教学目标：

1. 能按照设计方案，准备好所需的材料和工具，并动手制作，将设计方案物化，提高动手操作能力，增强创新意识。

2. 在制作过程中遇到困难能积极想办法解决，根据实际需要调整优化设计方案，发展工程思维，体验持之以恒的工匠精神。

重点难点：

能运用各种工具和掌握的手工技能动手将废品创意制作的设计方案物化，积极解决制作中遇到的问题，发展工程思维，体验持之以恒的工匠精神。

课前准备：

教师：准备一些变废为宝需要的材料和工具备用；

学生：根据设计方案准备好所需的材料和工具。

所需课时：课内 2 课时＋课外

教学过程：

一、对照方案，检查材料工具

1. 学生拿出设计方案，检查所带的材料和工具是否齐全。

2. 学生交流材料和工具准备上的问题，教师引导交流解决办法。

**【教师指导要点**：材料和工具带不齐的解决办法。（1）用别的材料和工具替代；（2）同学互相帮助、资源共享；（3）教师也准备备用的物品让学生借用，如胶枪、剪刀、美工刀、废旧物品、装饰材料等。】

二、出示提示，明确制作要求

1. 教师提出制作任务：独立或与他人合作，按照设计方案动手制作。

2. 学生交流注意事项，教师归纳温馨小提示。

**【教师指导要点**：归纳、补充注意事项。（1）使用剪刀或美工刀要小心，注意安全；（2）遇到困难可以求助他人或查阅资料；（3）制作时可以对原来方案进行修改完善。】

三、动手制作，教师巡视指导

1. 学生按照设计方案动手制作。

2. 教师巡视指导，发现问题及时给予针对性的指导和帮助，共性问题全班集中指导。

**【教师指导要点**：学生制作时的巡视指导。（1）手工技法上的困难；（2）材料选择和工具使用，如：胶枪、美工刀的使用；（3）方案不可行：引导针对存在问题进行调整。】

四、课堂小结，布置课后任务

1. 学生反馈作品初步完成情况。

2. 布置课后任务：继续完成作品。

**【教师指导要点**：对初步作品的反馈指导。（1）对于完成的同学给予表扬；（2）对于未完成的同学，询问原因，师生提出意见和建议：可请教他人或查阅相关资料。】

## 第四阶段：展示交流

内容分析：本阶段是主题活动的展示交流阶段，主要组织学生展示评价用废品制作的创意作品，体验成功的喜悦，感受变废为宝的意义和劳动创造价值的道理。

学情分析：学生在前阶段已经按照设计方案，动手将废品制作成了创意作品，但是完成作品的效果不一，有的作品较成功，有的作品还存在需要改进的地方。学生在以往的学习活动中，已初步具备展示评议作品的能力。

教学目标：

1. 通过讨论交流，明确作品的评分标准，并能对照标准对他人的作品展示进行评议。

2. 乐于将自己的作品与他人分享，体验成功的喜悦，感受变废为宝的意义和劳动创造价值的道理。

重点难点：乐于将自己的作品进行展示介绍，说清作品的作用、制作方法、创意之处等，能对照评价标准进行评议。

课前准备：课件

所需课时：课内 2 课时

教学过程：

一、组内展示，评价作品

1. 师生共同讨论交流，形成作品展示交流评价表（见表 3-11）。

表 3-11 "让废品闪光"评分标准

| 作品名称 | 实用<br>30 分 | 创意<br>30 分 | 美观<br>30 分 | 解说<br>10 分 | 合计<br>100 分 |
|---|---|---|---|---|---|
|  |  |  |  |  |  |
|  |  |  |  |  |  |
|  |  |  |  |  |  |

2. 组内展示介绍作品，对照评价表进行自评、组评，推选出小组最满意的作品。

二、各组展示，师生评价

1. 举行作品发布会，各组展示介绍推选出的最满意的作品。

2. 教师引导学生围绕下列问题对作品进行评价：

（1）你喜欢哪个小组推选的作品？为什么？

（2）你觉得哪个作品有需要改进的地方？你有什么建议？

【教师指导要点：（1）展示作品的指导。①介绍清楚作品的名称、用途、造型、结构、装饰，突出创意之处；②声音响亮。（2）评价作品的指导。①从实用、美观、创意、解说等方面进行评价；②分享成功经验，对存在的不足提出改进办法。】

## 第五阶段：反思改进

内容分析：本阶段是主题活动的反思改进阶段，主要引导学生分享成功经验，反思不足，交流收获与体会，提高反思能力，感受变废为宝的意义和乐趣，增强环保意识。

学情分析：学生在以往的学习经历中，已具有一定的反思能力，能对照评价标准和他人建议进行反思改进。

教学目标：

1. 乐于分享遇到的困难，能对照标准和他人建议反思改进，提高反思能力。

2. 乐于分享收获与体会，感受变废为宝的意义和乐趣，增强环保意识。

重点难点：

乐于分享成功的经验，能对照标准和他人建议反思不足，提出改进设想和新想法。

课前准备：课件

所需课时：课内 1 课时＋课外

教学过程：

一、交流困难，寻求办法

1. 学生交流制作中遇到的困难，师生共同寻求解决办法。

2. 教师小结。

【教师指导要点：引导学生互动交流，懂得通过认真观察、查阅资料、请教他人来解决遇到的困难。】

二、自我反思，交流体会

1. 出示"我的收获与反思"表，学生根据表格内容记录收获与反思。

2. 学生交流收获与反思。

【教师指导要点：交流收获与反思可指导学生从活动态度、活动能力、活动成果等方面进行总结和反思。】

三、课堂小结，布置后续任务

1. 课堂小结：希望大家能运用我们学过的知识和技能，继续用灵巧的双手和智慧的大脑变废为宝，让生活因我们的劳动更美好。

2. 布置后续任务：改进原作品或制作新作品。

【教师指导要点：（1）课堂小结的指导：主动变废为宝；劳动创造美好生活；（2）改进作品的指导：根据存在的不足和他人意见改进作品，大胆实现新想法。】

## "巧手设计交通宣传品"综合实践主题活动方案

【主题说明】

交通安全是社会的一个热点问题。学生每天上学、放学，良好的出行环境与学生的安全息息相关。因此，我校一直非常重视交通安全教育，建设了富有特色的交通模拟区，让学生在校园内就能模拟过马路；打造了交通安全宣传教育区（包括交通游戏区、交通标线区、交通标志区、活动风采区、LED 彩屏播放区、交通知识长廊）；每学期还会开展形式多样的"交通文化节"系列活动，学生们在学校里处处都能受到交通安全的教育。因此，我校五年级学生对交通知识已了解得较多，交通安全意识也较强。如何充分利用学校丰富的交通资源和学生们已有的知识经验，发挥"小手拉大手"的作用，带动更多的人来学交规、守交规呢？这是一个值得研究的课题。经过师生讨论，"巧手设计交通宣传品"的活动主题就产生了。这个活动侧重于劳动与技术教育领域，属于设计制作类的活动，学生将通过收集"交通宣传品"的相关信息，设计、制作交通宣传品，进一步培养收集和运用信息的能力，提高发现问题、解决问题及动手动脑等能力，培养创新精神，增强社会责任感。

【活动总目标】

1. 通过收集、交流收集到的"交通宣传品"的相关信息和初步的设计思路，培养收集、选择和处理信息的能力。

2. 通过经历初步制订、交流评议、修改设计方案的过程，体验制订设计方案的方法，增强规划意识。

3. 通过动手制作"交通宣传品"，提高动手动脑和发现问题、解决问题等能力，培养创新精神，体验创作的愉悦。

4. 通过展示交流作品，初步形成合作与分享的意识，培养语言表达能力。

5. 通过畅谈活动收获及反思，培养语言表达和总结、反思能力，增强社会责任感。

6. 通过争夺"交通宣传品设计章"，有目的、有计划地达成目标，体验成功的乐趣。

【适用年级】

五年级学生

【活动时长】

课内 8 课时＋课外

【活动规划】

| 活动阶段 | 课时建议 | 活动规划 |
| --- | --- | --- |
| 主题生成 | 课内<br>1课时 | 课上，师生谈话明确活动主题；观察分析交通宣传品的特点，交流收集交通宣传品相关信息的方法，寻找设计灵感；课后，通过多种方法查找有关交通宣传品的信息，填写"信息卡" |
| 创意设计 | 课内<br>2课时 | 课上，学生结合"信息卡"交流收集的"交通宣传品"的信息及初步设计思路；按照想设计的交通宣传品的类别重新组合小组，讨论制订交通宣传品的小组设计方案 |
| 动手制作 | 课内1课时<br>+课外 | 课前，各小组准备好所需材料和工具；课上，各小组按照设计方案动手制作交通宣传品，教师巡视指导 |
| 中期反馈 | 课内<br>1课时 | 课上，展示部分学生的初步作品，师生评议；交流制作经验和遇到的困难；修改调整方案，进一步完善作品 |
| 展示交流 | 课内<br>2课时 | 课上，各小组讨论选择作品展示方式，并做好排练和准备工作；师生讨论确定"十佳交通宣传品"评选标准；各小组展示介绍制作的交通宣传品，评选"十佳交通宣传品"；课后，撰写活动收获与反思 |
| 反思改进 | 课内1课时<br>+课外 | 课上，学生在小组内交流收获和感想；教师随机采访学生活动的收获与感想；课后，进一步改进完善作品，也可以制作新作品 |

【各阶段的具体组织过程】

## 主题生成阶段

活动目标：

1. 通过交流交通话题，产生活动主题。

2. 通过观察宣传品、畅谈感想，了解交通宣传品的主要特点。

3. 通过交流懂得可通过采访、查阅资料、实地查看等途径收集"交通宣传品"的相关信息，从中寻找设计灵感。

4. 通过提出奖章名称和第一条争章要求，激发参与兴趣。

课前准备：

教师准备扇子、笔筒、纸巾等宣传品实物。

活动的组织过程：

一、谈话导入，产生主题

师：同学们，交通安全一直是社会的一个热点问题，我校一直非常重视交通安全教育，如今，交通文化已成为我校的一个特色，身为一名小交警，你们有什么办法向更多的人宣传交通安全吗？

指名交流、师生评议（学生提出的点子可能有成立督导队、分发宣传单、分发交通宣传品……）

师：看来，大家都认为分发交通宣传品是一个不错的金点子！如果我们能设计出一些人们喜欢的交通宣传品，相信一定能收到很好的宣传效果。那么你们想尝试自己设计交通宣传品吗？（生：想。）心动不如行动，我们这次的综合实践活动就一起来设计交通宣传品吧！（板书活动主题：巧手设计交通宣传品。）

师：在这次活动中我们还将争夺一枚奖章——交通宣传品设计章。我们将根据各阶段的活动任务提出相应的争章要求，只要你达到这些要求就能成功获得这枚奖章哦！有信心吗？

二、观察宣传品，畅谈感想

师：要设计交通宣传品前我们要先对宣传品有一定的了解，所以今天老师带来了几样宣传品，相信大家看了以后会有所启发。

学生观察老师带来的宣传品并发表感想（宣传电信业务的扇子、宣传移动手机的笔筒、宣传饮食的面巾纸……）

**【教师指导策略**：教师要引导学生通过观察说出宣传品的主要特点，畅谈从中产生的设计灵感，并根据学生的回答归纳板书，为学生设计交通宣传品指明方向。**】**

板书：

宣传品特点——实用、有创意，能达到宣传交通安全的作用宣传品类型——学习用品、生活用品、玩具……

三、交流收集相关信息的方法

师：刚才看了老师带来的宣传品，很多同学就产生了设计灵感，可见，在设计交通宣传品前，大家可以先收集一些相关的信息来寻找设计灵感。那么我们可以通过什么方法来收集哪些相关信息呢？

指名交流，师生评议。

预设：学生可能提到通过上网、查阅书籍、实地查看、采访等方法收集信息，这些方法都是可行的；学生可能想收集一些交通警句、交通童谣、交通法规、交通宣传画等内容作为宣传品上要宣传的内容，这也是可行的；还有的学生可能提到收集其他一些宣传品来参考，这也可以；也有可能学生提到的方法不可行或收集的内容无用……

【教师指导策略：教师要引导学生通过多种途径来收集相关信息，如果学生说得好就要给予肯定，并根据需要做必要的方法指导；如果学生说的方法不可行或收集的信息无用则可引导学生评议，提出建议。】

四、讨论确定第一条争章要求

师：通过刚才的交流，我们已经知道了可以通过多种途径来收集"交通宣传品"相关信息，那么今天回去后我们要做什么呢？谁来说说？

根据学生的回答，教师引导归纳板书出第一条争章要求：能通过喜欢的方法收集"交通宣传品"的信息并进行整理、运用，构思设计思路，填写好"信息卡"。

师：这就是"交通宣传品设计章"的第一条争章要求，有信心完成任务，通过这条要求吗？

## 活动策划阶段

活动目标：

1. 通过交流收集到的"交通宣传品"的相关信息和初步的设计思路，提高收集、选择和处理信息的能力。

2. 通过经历初步制订、交流评议、修改设计方案的过程，体验制订设计方案的方法，增强规划意识。

3. 考评第一条争章要求，提出第二条争章要求，体验成功的喜悦，激发积极性。

课前准备：学生通过查阅资料、实地查看、采访等方法收集"交通宣传品"的相关信息并构思初步的设计思路，填写好"信息卡"；教师拍摄学生不同途径收集信息的照片。

活动的组织过程：

一、谈话导入，回顾前期活动

师：同学们，上节课我们一起确定了这次活动的主题是什么？

生：巧手设计交通宣传品。

师：这次活动我们就是要设计各种交通宣传品，并推荐给交警部门，希望能带动更多的人自觉遵守交规，同时也可以培养我们的动手动脑等能力。

师：在这次活动中我们还将争夺什么奖章呢？

生：交通宣传品设计章。

师：上节课我们已经提出了第一条争章要求（出示）：能通过喜欢的方法收集"交通宣传品"的信息并进行整理、运用，构思设计思路，填写好"信息卡"。下面我们就要来评一评谁能通过这条要求。

二、交流信息，畅谈设计思路

(一) 结合"信息卡"交流收集的"交通宣传品"的信息及初步设计思路

师：为了达到这条要求，很多同学都积极行动起来了。

出示照片一：几位同学在学校阅览室查阅书籍。

师：瞧，他们在干什么？（生答）图书室可是收集信息的好地方！到图书室查书的同学，谁来和大家分享一下你的"信息卡"呢？

**信息卡**

1. 我是通过_____方法收集到"交通宣传品"的相关信息的：_____。
2. 我想制作的交通宣传品是_____，我的灵感来源是：_____。

师：你先来！其他同学要认真倾听，都来当当小考官，评一评他能通过第一条要求吗？

学生交流信息卡。

教师引导其他学生对照第一条争章要求评议该生收集的信息是否能合理运用，设计思路是否可行。

出示照片二：同学在校园内实地查看相关信息。

师：除了到图书室收集信息，还有些同学在学校实地查看，请看大屏幕——

我们学校的交通资源很多，大家要像他们做个有心人，善于发现并利用我们身边的资源。我们也请他们来介绍信息卡。请大家继续当当小考官哦！

学生交流信息卡，师生评议。

出示照片三：一个同学采访交警叔叔的录像。

师：收集信息的方法很多，有查阅资料、实地查看，还有大家喜欢的采访，下面我们就来看一段采访录像（播放采访录像）。我们欢迎录像中的小记者来谈谈采访收获。

学生畅谈采访收获。

师：该同学能在采访中受到启发，想出了在环保袋上画交通宣传画这个好点子，你们认为他能通过第一条争章要求吗？

师：刚才几位同学能积极收集信息，想出了三种交通宣传品，你们还有其他创意设想吗？

学生交流其他创意设想，教师点评板书。

板书：便签本、笔筒、电话本（学习用品）

环保袋、扇子、日历（生活用品）

　　游戏棋、拼图、扑克牌（玩具）

　　……

预设：

1. 学生收集信息的方法可能有上网、采访、实地查看等。

2. 学生收集的信息可能出现以下几种情况：

(1) 收集到相关信息并能合理运用；

(2) 有收集到相关信息但不能合理运用；

(3) 收集的信息与交通宣传品关系不大或收集的信息较少；

(4) 学生的初步设计思路可能有可行的也有不可行的。

【教师指导策略：(1) 尽量引导学生展示收集信息的不同方法，丰富学生收集信息的途径和方法。(2) 对有收集到相关信息并能合理运用的给予表扬，对有收集到相关信息但不能合理运用的引导学生提出建议；对收集到的信息关系不大或收集的信息较少的要求再次收集相关信息。(3) 对学生的设计思路可行的要抓住其创新点加以表扬；对学生的设计思路不可行的可引导其他学生提出建议。】

（二）考评第一条争章要求

师：看来很多同学都能认真收集信息，并合理利用信息想出设计金点子，现在就请拿出你们的信息卡和争章卡，评一评谁能通过第一条争章要求，先进行自评，再组评。

学生考评第一条争章要求，教师巡视指导。

师：在组评中获得星星的同学请举手，恭喜你们！获得笑脸的同学也别灰心，只要根据存在的问题进行改进，相信星星最终也会属于你！

三、组合小组，制订设计方案

（一）重新组合小组

师：在刚才的交流中，我发现很多同学想设计同类宣传品，为了便于研究，我建议想设计同类宣传品的同学坐在一起，现在我们就来重新组合小组。

学生根据教师的要求重新组合小组。

（二）讨论确定第二条争章要求

师：为了让制作更顺利，制作之前我们还要制订设计方案（出示如下图所示的"我的设计方案"）。根据以前的经验，制订设计方案时要达到什么要求呢？（生答）

**我的设计方案**

| 活动主题 | |
|---|---|
| 设计者 | |
| 设计目的 | |
| 宣传品名称 | |
| 设计草图 | |
| 宣传内容 | |
| 材料与工具 | |
| 他人建议 | |

师：我们就把大家提的要求归纳一下作为"交通宣传品设计章"的第二条要求：能自己或与伙伴合作制订设计方案，设计方案各项目要填写清楚、完整、合理。

（三）初步制订设计方案

师：现在请大家根据自己的能力选择独立完成或与伙伴合作完成设计方案。

学生制订设计方案，教师巡视指导。

（四）交流、评议设计方案

师：大部分同学都完成设计方案了，我们请几位同学来介绍一下设计方案，看看他们能否通过第二条争章要求。

指名上台介绍设计方案，师生评议，适时出示"我的设计方案"中的填写要点。

预设：

1. 学生制订的方案可能出现的情况：

（1）没有合理运用收集到的信息；

（2）设计草图表述不清楚；

（3）宣传内容没做到简洁、醒目、达到宣传交通安全的作用；

（4）所需的材料与工具填写不完整或材料选择不合理。

2. 学生制订的设计方案与之前的设计思路不同。

【**教师指导策略**】：（1）引导学生从设计草图、宣传内容的设计、材料和工具的选择等方面对设计方案进行评议，写得好的方面加以肯定，写不好的地方引导学生质疑、补充、提议，帮其修改完善。（2）方案与之前的设计思路不同的询问其原因，允许学生合理变更。】

（五）修改设计方案

师：一份好的设计方案是不断修改出来的，而善于接受他人的建议是会学习的孩子！现在请大家把你的设计方案在小组中交流，征求同伴的建议，并根据他人的建议修改完善设计方案。

学生修改设计方案，教师巡视指导。

师：谁愿意来交流一下你的修改情况呢？

学生介绍修改情况，师生评议。

（六）考评第二条争章要求

师：现在就请同学们在小组中交流修改后的设计方案，并评一评第二条争章要求。

学生考评第二条争章要求，教师巡视指导。

四、教师小结，布置后续活动

师：今天大家都能积极参与交流、评议，很多同学已通过了两条争章要求，让我们把掌声送给自己。下课后请把你的设计方案和争章卡交给老师评议。如果第二条争章要求老师的评价也是星星，那么你就可以根据方案准备所需的材料和工具，下节课带来班里制作。如果评价不是星星，请根据老师的建议继续修改方案。

## 动手制作阶段

活动目标：

1. 通过动手制作"交通宣传品"，发展动手动脑能力和创新精神，体验创作的愉悦。

2. 提出第三条争章要求，激发积极性。

课前准备：学生按照制订的设计方案带好材料和工具。

活动的组织过程：

1. 提出本节课任务，检查课前准备。

师：同学们，经过前段时间的努力，我们已经制订出了"交通宣传品"的设计方案，今天我们就要大展身手，开始制作交通宣传品了。

师：请检查一下你需要的材料和工具都带齐了吗？有什么困难可以提出来。

学生提出材料和工具中遇到的困难，师生帮忙解决。

2. 讨论确定第三条争章要求。

师：在制作过程中我们要做到什么呢？

教师根据学生的回答归纳板书，形成第三条达章要求：能按制订的设计方案进行制作，遇到困难积极想办法解决。作品要有创意、实用，宣传内容要简洁、醒目，能达到宣传交通安全的目的。

3. 学生动手制作交通宣传品，教师巡视指导，适时点评。

4. 教师小结。

师：这节课同学们能认真按照方案动手制作，有的同学遇到困难能积极想办法解决，有的还能主动帮助别人，相信通过努力，你们一定能成功地制作出"交通宣传品"，还没做完的同学要利用课后时间继续完成，下节课记得把你的作品带进来哦！

## 中期反馈阶段

活动目标：

1. 通过交流、评议作品，培养发现问题、解决问题的能力。

2. 能根据他人建议修改设计方案，完善作品，逐步形成善于吸纳他人优点和建议的良好品质。

3. 考评第三条争章要求，体验成功的喜悦，激发积极性。

课前准备：学生按照方案制作交通宣传品，并将作品（半成品）带进来。

活动的组织过程：

一、交流作品，进行考章

师：同学们，你们的作品都带来了吗？今天我们就要来评一评谁能通过第三条争章要求。请把你的作品在小组内交流，并对照第三条争章要求进行自评、组评。

各组组长组织交流作品，并考评第三条争章要求，教师巡视指导。

二、展示作品，交流经验

师：第三条争章要求组评为星星的请举手！请把你们的作品拿到展示台上和大家分享。

学生将作品拿到展示台上，教师将同类作品摆放在一起。

师：现在我们请这些作品的作者来介绍一下制作过程，如果有遇到困难的请和大家分享一下你的解决办法哦！

教师可选择几样较有代表性的作品请学生上台介绍（如较多人制作的或特别优秀的或仍有需改进地方的），师生评议。

师：台下还有一些同学的作品是评上"笑脸"或"幼芽"，我们来采访一下他们。

教师可以围绕以下问题采访两三位学生：请问你制作的交通宣传品是什么？你知道为什么你的作品没评上星吗？你们组的意见是什么？其他同学有什么建议吗？接下来你打算怎么做？

预设：学生展示的作品可能有的很精致，可能有的很有创意，可能还有需改进的地方；可能还有的同学未完成……

【教师指导策略：教师要引导学生学会欣赏他人作品的优点，如他人的构思、制作方法、选择的材料等；引导交流遇到的困难和解决办法；对作品中不足的地方引导学生提出改进建议。教师还要注意引导学生回过头去对照设计方案，对方案中不足的地方进行修改，这样可以让学生更深刻地体会到制订方案和不断修改完善的重要性和意义。】

三、修改方案，完善作品

师：善于吸纳他人的优点和建议是一种良好的品质！相信通过刚才的交流你一定有不少的启发，为了让我们的作品更完善，现在就请先将你设计方案中不足的地方修改过来，再根据修改方案继续完善作品。

学生修改设计方案并完善作品。

预设：学生可能出现以下情况：

(1) 有的能根据他人建议和受到的启发修改方案，完善作品；

(2) 有的作品已完成得较好，无事可做；

(3) 有的不知道如何修改自己的作品。

【教师指导策略：教师在巡视中要及时发现问题给予必要的指导，可建议完成作品的同学协助其他同学。】

师：现在我们请几位同学来展示一下他修改的设计方案和完善后的作品。

指名上台展示交流，师生评议。（教师可分别请在第三条争章要求考评中已获得星星但能修改得更完善的同学和没获得星星的同学上台展示。）

【教师指导策略：本环节教师要重点引导学生交流修改的地方并畅谈感受，从而体会到善于吸纳他人优点和建议的好处和一个作品必须经过不断地修改才能更加完善的道理。】

四、教师小结，布置活动

师：刚才考评没获得星星的同学完善作品后可请你们小组再次给你考评！相信只要努力，每个同学都能通过争章要求。课后请同学们继续完善作品，并思考一下如何让你的作品在"交通宣传品评选会"上脱颖而出。

## 成果展示阶段

活动目标：

1. 通过展示交流作品，初步形成合作与分享的意识，培养语言表达能力。

2. 考评第四条争章要求，提出第五条争章要求，体验成功的喜悦，激发积极性。

一、做好成果展示前的准备工作

课前准备：学生完善作品，并思考如何展示介绍。

活动的组织过程：

师：经过大家一段时间的精心设计与制作，一件件交通宣传品已呈现在我们眼前。为了让"交通宣传品评选会"办得更加成功，这节课我们将请各组评选出你们组的优秀作品，并讨论选择怎样的方式来展示介绍这些作品，然后做好参加评选会的排练和准备工作。

各小组讨论选择作品展示方式，并做好排练和准备工作，教师巡视指导。

【**教师指导策略**：教师要指导各组选择产品推销、广告宣传等形式将作品的优点（创新点、实用处、宣传效果等）充分展示出来。】

二、举行"交通宣传品评选会"

课前准备：

教师：准备一个既可以摆放也可以贴挂的展示台和作品序号牌；邀请交警、家长、教师、学生组成一个评委团；准备奖状十张。

学生：各组组长抽签决定展示作品顺序；做好参加评选会的准备工作。

活动的组织过程：

师：今天我们将举行期盼已久的"交通宣传品评选会"。下面我向大家介绍一下担任今天评选会的评委，他们是……（交警、家长、老师、学生代表），让我们掌声欢迎。

师：今天的评选会将由各小组分别上台展示介绍你们的优秀作品，我们将从中评选出"十佳交通宣传品"。你认为怎样的交通宣传品有资格获奖呢？

指名交流，教师归纳板书形成评分表（见下表3-12）。

表3-12　"十佳交通宣传品"评选表

| 作品序号 | 作品有创意（2分） | 作品实用（2分） | 制作美观（2分） | 宣传内容简洁醒目，能达到宣传交通安全的作用（4分） | 总得分（10分） |
|---|---|---|---|---|---|
| 1 | | | | | |
| 2 | | | | | |
| 3 | | | | | |
| 4 | | | | | |
| 5 | | | | | |
| …… | | | | | |

师：为了评一评哪些同学能与小组同学团结合作，积极上台展示介绍，我们还将进行第四条争章要求的考评（出示第四条争章要求：能与小组成员团结合作，积极上台展示制作的交通宣传品）。下面我宣布评选会现在开始！

各小组按抽签顺序展示介绍制作的交通宣传品，评委根据评分表进行评分。

师：现在计分员正在进行最后得分的统计，我们就利用这段时间请同学们在小组中进行第四条争章要求的考评。

学生考评第四条争章要求，教师巡视指导。

师：第四条争章要求组评获得星星的请举手！你们又向奖章迈进了一步，老师真为你们感到高兴！

师：现在紧张的时刻到了，让我们掌声有请交警叔叔为我们宣布荣获本次"十佳交通宣传品"的名单！

交警叔叔宣布获奖名单。

师：让我们用热烈的掌声祝贺这些获奖的同学，有请这些同学上台领奖，请今天的评委为他们颁奖。

为获奖同学颁发奖状，并请交警叔叔做点评。

师：让我们再次用热烈的掌声感谢交警叔叔。我们将把大家的创意设想向交警部门推荐，希望能为宣传交通作出我们的一份贡献。今天不管是得奖还是没得奖的同学，相信通过这次活动，你们一定有不少的收获，回去以后可从"我的收获""我最满意的地方""需努力的地方"等方面进行总结和反思，并记录下来，下节课和大家一起分享哦！这也是我们的第五条争章要求（出示第五条争章要求：能将自己的活动收获和反思写下来，并乐于与他人分享）。

### 活动总结阶段

活动目标：

1. 通过畅谈活动收获及反思，培养语言表达和总结、反思能力，增强社会责任感。

2. 考评第五条争章要求；为获章同学盖章，激发积极性，体验成功的喜悦。

课前准备：学生将自己的活动收获和反思写下来。

活动的组织过程：

师："巧手设计交通宣传品"的活动已接近尾声了！通过这次活动，你一定有不少的收获和感想吧，那就赶紧在小组中和你的组员一起分享分享，相信你一定能通过最后一条争章要求。（出示第五条争章要求：能将自己的活动收获和反思写下来，并乐于与他人分享。）

学生在小组内交流收获和感想，考评第五条争章要求，教师巡视指导。

教师围绕几个问题随机采访同学：通过这次活动你有什么收获呢？请

问你觉得自己表现最好的是什么？哪些同学值得你学习？你认为今后需要努力的地方是什么？……

师：善于总结和反思方能不断进步！有参与才会有收获！老师期待你们下一次活动更精彩的表现哦！课后请大家把"交通宣传品设计章"争章卡（见第二章第三节"奖章评价法"附件）交上来，我们将为获章同学盖章。

**附录**

**《指导纲要》设计制作活动（劳动技术）推荐主题及其说明**

| 学段 | 活动主题 | 简要说明 |
| --- | --- | --- |
| 1~2年级 | 1. 我有一双小巧手——手工纸艺、陶艺 | 学习简单的手工制作，通过动手制作折纸、纸贴画、纸编、玩泥巴（手捏陶泥、轻黏土、软陶）等，掌握纸工、陶泥制作的简单技法，初步体验动手操作的乐趣 |
| | 2. 我有一双小巧手——制作不倒翁、降落伞、陀螺等 | 选择日常生活中的多种材料，制作不倒翁、降落伞、陀螺等玩具；探究、交流制作方法，提高动手操作能力及探究兴趣 |
| 3~6年级 | 1. 学做简单的家常餐 | 掌握几种简单的烹饪技能，学会洗菜、切菜、拌凉菜、炒家常菜和炖菜等；学会煮面条、包馄饨和包水饺等；了解健康饮食的重要性，感受劳动和生活的乐趣，形成积极的劳动态度 |
| | 2. 巧手工艺坊 | 利用纸质、布质等多种材料学习传统手工艺制作技术，包括：纸艺、布艺、编织、刺绣、珠艺、插花艺术等；初步树立技术意识，培养实践创新精神、动手能力和审美情趣 |

续表

| 学段 | 活动主题 | 简要说明 |
| --- | --- | --- |
|  | 3. 魅力陶艺世界 | 学习陶土材料（软陶、轻黏土等）的捏塑、盘筑、镶接等基本技能；有条件的可尝试自制个性化的陶艺手工作品；学习陶艺基本技艺，自主探究创作，激发好奇心和想象力 |
|  | 4. 创意木艺坊 | 使用手工锯、曲线锯、木板、KT板、乳胶、砂纸等工具和材料，初步掌握木工直线锯割和曲线锯割技术，运用插接、钉接、粘接等连接方法制作小木工创意作品；在学习木工基本技艺过程中，学习创意表达，提高动手实践能力，体验工匠精神 |
|  | 5. 安全使用与维护家用电器 | 了解家用电器的种类并建立家用电器档案；了解1~2种家用电器的发展过程，理解创造发明对社会发展的作用；会阅读简单的家用电器说明书，并在家长指导下学习正确使用及安全维护的方法；感受技术对社会进步的影响，进一步增强技术意识，养成自主学习的良好习惯 |
|  | 6. 奇妙的绳结 | 了解绳结种类、符号，学习绳结的编织技法，初步掌握编织工具的使用方法，学会中国结、救生结等装饰结和实用结的设计与制作；感受中国民间艺术的魅力，理解生命意义和人生价值，增强安全意识和自我保护能力 |
|  | 7. 生活中的工具 | 观察五金店或调查家庭中的常用工具和简单机械；设计《生活中工具和简单机械的调查表》，将身边的常用工具（筷子、开瓶器、起子、扳手等）以及课堂教学活动中使用的工具和简单机械（剪刀、美工刀、尖嘴钳、木工小机床等）的名称、作用、用途等列出来；认识其作用、原理、用途，并学会使用常用工具和简单机械；学会根据需要来选择合适工具和机械，培养科学探究精神和技术意识及能力 |

续表

| 学段 | 活动主题 | 简要说明 |
|---|---|---|
|  | 8. 设计制作建筑模型 | 了解房屋的一般结构；知道本地民居、校园的基本建筑式样与材料、基本特征与功能；用木板、纸板、KT板、陶泥等多种材料制作民居、校园等建筑模型；初步学习识读图纸，会表达设计思想，初步形成技术设计能力，增强环保意识、人文情怀和审美情趣 |
|  | 9. 创意设计与制作（玩具、小车、书包、垃圾箱等） | 在生活中收集各种材料和用具，特别是一些废旧物品，根据一定的科学原理，尝试进行创意设计，制作简单的玩具、小车、书包、垃圾箱、水火箭等，激发创新精神，提高动手实践能力 |

## 第三节　职业体验活动教学设计举隅

### 一、职业体验活动的内涵与实施建议

《指导纲要》指出，职业体验指学生在实际工作岗位上或模拟情境中见习、实习，体认职业角色的过程，如军训、学工、学农等，它注重让学生获得对职业生活的真切理解，发现自己的专长，培养职业兴趣，形成正确的劳动观念和人生志向，提升生涯规划能力。主要有以下三个活动目的。

1. 促进学生认识职业世界。小学生对于职业的认识大多来自成人的只言片语和自身对生活的观察，对其理解往往是片面的、零碎的、局限的。有计划地开展职业体验活动，学生可以在学习中经历与"职业"有关的内容，体验不同的职业，在了解各种职业的工作特点的同时了解社会的组织结构、运行方式及按劳取酬的社会分配原则等，并将其课本所学积极运用于职业生活中，发现知识学习的意义和价值。所以，职业体验活动不仅可以让学生体验到各种工作的快乐和辛苦，还能促进他们了解将要面对的真实职业世界，本质上是通过体验学习建立起学习生活与职业生活的联系。这种方式

在一定程度上解决了学生"科学世界"与"生活世界"割裂的问题。

2. 引导学生树立正确劳动观念。目前很多家长都盲目逼迫孩子追求高分数，以期待有个好工作。一些学历低、待遇低、社会地位低和生活环境低的职业，在人们心目中被轻视。其实社会上三百六十行，行行出状元，都是缺一不可的。正是各行各业的和谐努力，才让城市变得更美丽。2020年教育部印发的《大中小学劳动教育指导纲要（试行）》中指出，劳动教育的总目标之一就是要树立正确的劳动观念。开展职业体验活动，就是让学生在特定情境中主动体验不同职业的工作方式，感受不同职业的劳动艰辛，主动思考不同职业如何通过劳动推动社会的进步和发展，从而更加深刻地认识到"人类是劳动创造的，社会是劳动创造的。劳动没有高低贵贱之分"。只有将正确的劳动观根植于每一个学生心中，才能使其建立远大的理想，积极投身于社会建设之中，为推动人类文明作出贡献。

3. 帮助学生提高自我认识。正确的自我认识是影响未来职业选择、生涯规划的关键因素。综合实践活动中的职业体验，可以让学生从多角度了解、分析和评价不同的职业生活，并在经历各种职业的过程中，根据自我感觉、自我观察和对自身状况的反思，对自己的能力、品德、行为等进行评估，不断加深自我认识，从而发现自己的专长，发现自己的职业意向。总之，小学阶段职业体验活动设计的目的并不是简单地让学生参与生产劳动，学习生产技术，而是让学生在亲身经历和直接参与职业活动的过程中，获得真切的职业认识和情感体悟，形成深刻的职业理解，自觉地将自身成长、个人梦想与社会进步、国家发展、人类文明联系起来。

《指导纲要》明确了职业体验的关键要素包括：选择或设计职业情境；实际岗位演练；总结、反思和交流经历过程；概括提炼经验，行动应用。生长课堂强调学生通过实践来学习和成长，而职业体验活动正是提供了让学生在真实的职业环境中亲身体验和学习的机会，为未来的职业选择打下基础。在设计与实施职业体验活动时，教师要把好关键要素，突出综合实践活动生长课堂的基本特征，才能充分发挥职业体验活动的教育价值，助力学生向着未来生长。

  1. 在"选择或设计职业情境"环节，教师要注意创设情境，激发学生参与职业体验的兴趣。教师可以通过"父母职业我介绍""职业猜猜猜"等活动，将学生的兴趣点聚焦到各种职业上，然后通过谈话引发学生参与职业体验的积极性和主动性。参与体验活动之前，学生得考虑要选择什么岗位去体验，这就需要对身边的岗位先有所了解。因此，在体验之前，教师可以引导学生先到家长工作的地方或学校周边商场、图书馆、派出所等单位去实地考察，了解各岗位的名称、任务和所需技能等内容，再来班里交流分享。初步了解各种岗位后，就可以引导学生选择体验项目了。教师要充分尊重学生的自主选择，但应引导学生对自己的选择进行论证，考虑是否有条件和能力去体验。选择岗位后，教师要引导学生制订合理可行的体验计划，以增强学生的规划意识，确保活动的顺利进行。

  2. 在"实际岗位演练"环节，活动前，教师要引导学生讨论，明确体验的目的和注意事项。如：活动中要认真投入，不能半途而废，才能更深入地感受职业的艰辛和价值；遇到困难积极想办法解决，要善于运用各学科的知识完成岗位任务，体验成功的快乐。教师要引导学生把体验的过程记录下来，有条件的可以拍摄下体验过程。职业体验活动为学生提供了实际体验多种职业的机会，能够帮助学生进行未来职业选择，找到适合自己的人生道路和职业生涯。但是，学生不可避免会对职业世界持有不同看法，在体验过程中，往往会只停留在了解职业的基本环节和流程。因此，教师要注意价值引导，通过讨论交流等形式，引导学生分析社会分工，了解职业并没有高低贵贱之分，任何一份职业都很光荣，正确认识职业对个人素质的要求，形成健康积极的职业心态，树立正确的劳动观念。

  3. 在"总结、反思和交流经历过程"和"概括提炼经验，行动应用"环节，可以举行职业体验交流展示会，让学生用自己喜欢的形式展示岗位体验的经历，分享体验的成功与快乐。教师要启发学生通过多种方式来展示，可以采取情景剧再现、讲述体验故事、交流活动日记等形式，也可以展示岗位体验的活动照片和录像。最后，教师可以设计"我的收获与反思"，给学生提供充分时间，反思成功与不足，反思自己职业体验的收获与体会。学生反思时，教师适时小结提升很重要，比如告诉他们，这个工作只是你们孩子能够做到的事情，爸爸妈妈要做的事情要比这个复杂得多、难得多。告诉他们将来长大要怎么样去学习，去提高，才能做得更好。这样才能帮助学生得到更多的正面收益。

另外，职业体验活动作为综合实践活动课程规定的四种主要活动方式之一，有一定的独立性，但并不是孤立于其他活动和学科学习之外的。这就要求职业体验活动要与其他活动方式相融合，综合实施。如围绕"身边的交通"这个大主题，可以让学生先开展考察探究活动，去调查了解身边的交通现状，从而发现问题，提出解决方案；然后通过开展职业体验活动"一日小交警"，让学生亲身体验交警这个工作的艰辛和价值。可见，综合实施，可以增强活动的整体性和系统性，另一方面能够让学生更深刻地感受不同职业的社会价值。

## 二、职业体验活动的教学课例

### "找个岗位去体验"综合实践主题活动方案

【主题说明】

小学六年级的学生大多处于职业幻想期，他们能从外界感知到许多职业，对于自己觉得好玩和喜爱的职业充满幻想并进行模仿。因此，从学生身边对技能要求较低的职业选择体验岗位，有利于让学生了解职业的基本环节和流程，初步建立自我与职业之间的关系。基于六年级学生的身心成长特征和职业体验目标考虑，组织开展"找个岗位去体验"的综合实践活动，旨在让学生综合运用语文的表达、数学的计算、美术的设计等学科知识和技能，通过在学校周边商场、烘焙店、图书馆、派出所等单位体验销售、制作糕点、整理图书、协警等岗位，初步体验职业，感受不同职业的劳动，体会各种职业劳动的艰辛，培养尊重别人劳动成果的意识，体会劳动创造幸福生活的内涵。本主题活动属于职业体验内容领域。

【活动总目标】

1. 通过实地考察、交流分享，初步了解不同职业的岗位职责，并能根据兴趣和条件从身边对技能要求较低的职业中选择体验岗位。

2. 在经历初步制订、展示评议、修改完善体验计划的过程中，进一步增强规划意识和小组合作能力。

3. 通过参与岗位体验，初步体验职业，感受不同职业的劳动，体会各种职业劳动的艰辛，增强尊重别人劳动成果的意识，体会劳动创造幸福生活的内涵。

4. 能用喜欢的方式展示活动成果，主动分享体验和感受，增强自我反思能力。

【适用年级】

六年级学生

【活动时长】

课内 4 课时＋课外

【活动规划】

| 活动阶段 | 课时建议 | 活动规划 |
| --- | --- | --- |
| 实地考察，了解岗位 | 课内 1 课时＋课外 | 课上，现场调查学生想体验的职业，讨论交流，生成活动主题；接着提出考察任务，指导学生如何进行实地考察，填写考察记录表；课后，学生通过实地考察和访问等方法，了解各种职业的岗位名称、岗位任务和所需技能 |
| 选择项目，制订计划 | 课内 1 课时＋课外 | 课上，学生先在组内分享调查了解到的工作岗位，并在全班交流，初步了解不同职业的岗位名称、岗位职责和所需技能；接着，通过讨论交流和教师归纳小结，共同梳理职业体验的一般流程和要点，各组选择体验岗位，讨论制订体验计划 |

续表

| 活动阶段 | 课时建议 | 活动规划 |
|---|---|---|
| 实际岗位体验 | 课内1课时＋课外 | 各组按照体验计划，聘请活动导师，在导师的带领下利用课余时间开展职业体验，学习相关体验项目的技能 |
| 总结反思，再次体验 | 课内1课时 | 课上，举行交流展示会，学生采取合适和多样的方式展示岗位体验的经历；组织学生填写反思表，畅谈收获与反思；课后，学生根据初次体验总结的经验，选择同一个岗位或尝试新的岗位，再次体验 |

【各阶段的具体组织过程】

### 实地考察，了解岗位

活动目标：

1. 通过交流父母的职业，产生了解和体验岗位的兴趣。

2. 通过讨论交流，了解实地考察岗位的目的和要求，懂得填写考察记录表。

3. 通过实地考察，初步了解常见的工作岗位的名称、职责和所需技能。

活动的组织过程：

一、现场调查，生成活动主题

师：你的爸爸妈妈从事什么职业呢？你了解他们的工作吗？

学生自由发言。

师：你长大了想做什么？

学生自由发言。

师：想不想先去体验体验呢？那这次活动就让我们来找个岗位去体验吧！

二、讨论交流，明确考察任务

师：在我们身边有哪些常见的工作岗位适合我们去体验呢？让我们先

到家长工作的地方或学校周边商场、图书馆、派出所等单位去实地考察，了解各岗位的职责吧！那你准备去哪里实地考察呢？

学生自由发言。

师：实地考察后，请将了解到的岗位记录在考察记录单上（如下图所示）。

> **我了解到的岗位**
>
> 到家长工作的地方或学校周边商场、餐馆、面包店、图书馆等单位去实地考察，了解各岗位的职责吧！把你了解到的记录下来。
>
> 调查人：　　　　　　　调查对象：
> 工作地点：　　　　　　岗位名称：
> 岗位任务：
> 所需技能：
> 能否体验：能（　　）　　不能（　　）

三、实地考察，了解工作岗位

学生利用课外时间各自进行实地考察，初步了解岗位名称、职责和需学会的技能，填写考察记录单。

<h2 style="text-align:center">选择项目，制订计划</h2>

活动目标：

1. 通过交流分享调查结果，初步了解不同职业的名称和岗位职责，明白职业是不分高低贵贱的，社会的发展需要各行各业人们的辛勤劳动。

2. 通过讨论交流，了解职业体验的一般流程和各流程的要点，增强规划意识。

3. 能根据兴趣、条件和能力选择适合体验的岗位和聘请活动导师。

活动的组织过程：

一、谈话导入，回顾前期活动

师：上节课大家都畅谈了自己长大后的职业梦想，为了进一步了解不同岗位的工作，我们决定开展什么活动呢？（出示课题：找个岗位去体验。）

师：课前，我们布置大家去调查什么呢？（调查父母或身边熟悉的人的工作岗位。）

二、汇报交流，初步认识岗位

（一）交流调查结果，了解岗位名称

1. 指定2—3个学生分享了解到的岗位。

2. 小组内交流了解到的岗位名称、岗位任务和所需技能。

3. 各组将了解到的岗位名称整理在卡纸上张贴在黑板上。

4. 教师出示岗位分类图，学生对照分类图说说调查到的岗位属于哪一类。

小结：我们整个社会的发展就是要靠各行各业人们的辛勤劳动。

（二）聚焦不同岗位，了解岗位职责

聚焦比较多人调查到的岗位，通过交流互动，进一步认识岗位。

预设一：教师

指导策略：请学生说说了解到的教师的岗位任务有哪些。

教师小结：很多工作岗位都有多个具体的岗位任务。

预设二：管理员

指导策略：出示两张"管理员"的考察记录，引导学生观察谈发现。

教师小结：同样的岗位在不同单位的任务和所需技能也会有所不同。

预设三：收银员等

指导策略：出示收银员、销售员等考察记录，请学生说说所需技能。

教师小结：从小学好各门学科，发展特长，将来才能更好地胜任工作。

预设四：学生对清洁工等职业有偏见

指导策略：播放《环卫工人》短片，学生谈感受。

教师小结：在我们社会上有许多类似清洁工这样艰辛而又普通的工作，劳动没有高低贵贱之分，任何一份职业都很光荣！

三、讨论交流，了解体验流程

师：了解了这么多岗位，大家想不想去体验呢？那我们要选择哪个岗位去体验呢？

1. 选择岗位

（1）学生独立思考要选择体验的岗位。全班交流评议，教师适时小结（板书：条件、能力）。

（2）课前调查时，有的学生调查的岗位没法去体验，怎么办？教师引导学生提出解决办法。

教师小结：为了让活动更顺利，建议大家先选择家长或比较熟悉的人的工作岗位去体验。还可以聘请他们当活动导师！

2. 聘请导师

师：你们希望活动导师给你们提供什么帮助呢？

教师根据学生回答适时小结（板书：技能指导、安全护航）。

3. 承担任务

师：每个岗位都有很多具体的岗位任务，你们要让导师带你们体验什么呢？

教师根据学生回答适时小结板书（板书：服从安排）。

4. 学习技能

师：每个岗位都有所需的技能和注意事项，所以体验前还得干什么？

教师根据学生回答适时小结（板书：学以致用）。

教师引导学生对照板书小结职业体验的一般流程和要点。

四、选择岗位，初订体验计划

出示活动计划表（如下表 3-13 所示），指导学生填写"选择岗位"和"聘请导师"两个项目。

表 3-13 "找个岗位去体验"活动计划表

| 班级 | | 体验人 | |
|---|---|---|---|
| 体验时间 | | | |
| 选择岗位 | 体验地点 | | |
| | 岗位名称 | | |
| 聘请导师 | | | |
| 承担任务 | | | |
| 学习技能 | | | |

学生独立或与他人合作完成初步体验计划，教师巡视指导。指定 1—2 个学生交流体验计划，师生评议。

五、活动小结，提出后续任务

1. 教师进行活动小结。

2. 提出后续任务：聘请活动导师，修改完善体验计划。

**实际岗位体验**

活动目标：

1. 通过参与岗位体验，运用学过的知识和技能完成力所能及的岗位任务，了解体验的岗位职责和技能。

2. 初步体会劳动的艰辛，增强尊重劳动成果的意识，体会劳动创造幸福生活的内涵。

3. 能将体验经历和收获记录下来，完成活动记录表。

活动的组织过程：

一、交流活动注意事项

活动前，教师要引导学生讨论活动的注意事项，并在活动中给予关注和指导，如：（1）外出活动时，必须有教师或家长带队，可聘请他们作为活动导师，确保安全问题，并进行相关活动指导与帮助；（2）岗位体验之前要先进行岗位培训，可向家长或工作人员学习专业技能；（3）体验时要认真投入，善于运用各学科的知识来解决问题。

二、开展体验活动

各组按照体验计划，利用课余时间和节假日开展岗位体验，有条件也可课内时间组织，并填写活动记录表（如下表3-14所示），有条件的可以把体验过程拍摄下来。

表3-14 "找个岗位去体验"活动记录表

| 体验人 | | | 体验时间 | |
|---|---|---|---|---|
| 体验岗位 | | | 体验地点 | |
| 体验过程 | \multicolumn{4}{l}{（体验过程可用文字记录下来，有条件的可附上照片）} |
| 遇到的困难 | | | 解决办法 | |
| 我的收获 | 学会的技能 | | | |
| | 对岗位的新认识 | | | |
| | 其他 | | | |
| 我的表现 | 自我评价 | | | |
| | 导师评价 | | | |

**总结反思，再次体验**

活动目标：

1. 积极参与交流展示会，能用喜欢的方式展示活动成果，主动分享体验和感受。

2. 能对自己和他人的表现作出合理的反思评价，增强自我反思和评价能力。

活动的组织过程：

一、举行交流展示会

师：让我们用喜欢的形式展示岗位体验的经历，一起分享成功与快乐吧！

展示活动成果的方式有很多，可以采取情景剧再现、讲述体验故事、展览活动日记等形式，也可以展示岗位体验的活动照片和录像。教师要引导各组根据组员的能力和条件选择恰当的汇报方式。小组汇报完，教师可引导其他学生进行质疑与评价。

二、畅谈收获与反思

师：通过这次活动，你有哪些收获和感想？

学生在全班进行分享交流。

三、组织反思评价

分发反思评价表（如表3-15所示），进行自评、同伴评和导师评。

表3-15 "找个岗位去体验"反思评价表

| 体验人 | | | 体验时间 | | | |
|---|---|---|---|---|---|---|
| 体验岗位 | | | 体验地点 | | | |
| 评价要素 | 评价指标 | 星值 | 评价依据 | 自评 | 同伴评 | 导师评 |
| 参与态度 | 能积极、主动地参与岗位体验活动，乐于分享体验经历和收获 | 2颗 | 体验计划表 活动记录表 现场观察 听取汇报 | | | |
| 任务完成 | 能独立或与他人制订体验计划，学会1~2项岗位技能，完成力所能及的岗位任务 | 5颗 | | | | |
| 活动收获 | 初步了解不同职业的名称和岗位职责，对体验岗位有新的认识 | 3颗 | | | | |
| 总星数 | | | | 等级 | | |
| 自我寄语 | | | | | | |
| 同伴寄语 | | | | | | |
| 教师寄语 | | | | | | |
| 评价主体：自己、伙伴、教师 | | | | | | |
| 评星标准：三个评价主体总星数为30颗，获得24~30颗为优秀，21~23颗为良好；18~20颗为合格，18颗以下为需努力。 | | | | | | |

四、再次开展岗位体验

师：根据第一次岗位体验总结出来的经验，让我们再次开展岗位体验，可以选择同一个岗位，也可以尝试新的岗位哦！

学生利用课余时间再次体验。

## "我的市场我策划"综合实践主题活动方案

【主题说明】

跳蚤市场是对旧货地摊市场的别称，是由一个个地摊摊位组成，出售商品多是旧货、人们多余的物品及未曾用过但已过时的衣物等，价格低廉。去年我校举行了第一届校园跳蚤市场，组织各班同学将自身不需要的书籍、学习用品、玩具和自己的小制作等拿到跳蚤市场交流，提高实践能力，体验劳动的艰辛，培养了学生的市场竞争意识和节约意识。但是在第一届跳蚤市场上本班不少店铺生意冷清，究其原因，主要是因为他们只是按照学校的安排参加活动，而没有自己再进行精心策划，准备不够充分。当得知学校将在六月中旬举行第二届跳蚤市场时，学生们纷纷表示活动前要进行精心策划，勇夺本届"最佳销售奖"，于是"我的市场我策划"的综合实践活动主题就产生了。这个主题活动融合综合实践活动的四大领域，主要引导学生通过市场调查、交流信息、策划促销活动、制订销售计划、参加跳蚤市场等活动，提高收集、交流、运用信息的能力和实践能力，培养规划意识和市场竞争意识，学会交流、合作。

【活动总目标】

1. 通过市场调查、展示交流商家的促销活动和策划本店铺的促销活动，认识多种促销方法，提高收集、交流和运用信息的能力，培养策划能力。

2. 通过经历讨论交流、初步制订、交流评议、修改销售计划的过程，体验制订销售计划的方法，增强规划意识。

3. 通过参加学校第二届跳蚤市场活动，感受促销活动和制订计划的重要性，提高社会实践能力，培养市场竞争意识。

4. 通过统计盈亏、分配盈利活动，培养统计、分配能力。

5. 通过畅谈活动收获及反思，体验成功的喜悦，感受促销活动和制订计划的重要性；体验赚钱的辛苦，增强节约意识；体验团结合作的重要性；培养语言表达和总结、反思能力。

【适用年级】

五年级

【活动时长】

课内 7 课时＋课外

【活动规划】

| 活动阶段 | 课时建议 | 活动规划 |
| --- | --- | --- |
| 主题生成 | 课内<br>1 课时 | 课上，观看第一届跳蚤市场画面，交流成功与失败原因；发布第二届跳蚤市场的通知，师生谈话生成活动主题；按照学生要销售的商品类别分成若干个店铺；各店铺讨论确定店铺名称、口号、店长。课后，做好市场调查，收集商家开展促销活动的相关资料 |
| 活动策划 | 课内 2 课时<br>＋课外 | 课上，交流课前了解到的商家的促销活动，梳理促销方法；各店铺讨论策划本店铺的促销活动；全班讨论销售计划的要素，各组讨论制订销售计划 |
| 活动实施 | 课内<br>3 课时 | 各店铺按照制订的销售计划分工合作，积极参与学校的第二届跳蚤市场，活动中教师给予关注，对遇到的困难及时给予指导和帮助；教师指导学生统计盈亏，合理分配盈余 |
| 总结反思 | 课内<br>1 课时 | 课上，各店铺分享成功经验，交流开展促销活动的情况，师生评议，提出改进意见；畅谈活动收获和感想 |

【各阶段的具体组织过程】

**主题生成阶段**

活动目标：

1. 通过回顾与交流，分析第一届跳蚤市场的成败，明确策划的重要性，产生参与第二届跳蚤市场的兴趣。

2. 通过小组讨论，为店铺取店名、口号、选拔店长。

活动的组织过程：

1. 观看第一届跳蚤市场画面，小组交流第一届跳蚤市场的成功与失败，指名全班交流，教师归纳小结成败原因。

2. 课件出示学校将举行第二届跳蚤市场的通知，谈话激发学生参与兴趣。

3. 师生讨论提出活动主题：我的市场我策划。

4. 学生拿出要销售的商品，教师引导学生按照要销售的商品类别分成若干个店铺。

预设：学生要销售的商品可能有玩具类、文具类、书籍类、饰品类、学习用品等。

5. 各店铺讨论，确定店铺名称、口号、店长。

课后活动：做好市场调查，收集商家开展促销活动的相关资料，如下图所示。

**促销活动调查记录**

我在_____收集_____，
我从中了解到的促销活动是_____
_____
我的看法或启发：_____
我的姓名：_____

## 活动策划阶段

### 第1课时

活动目标：

1. 通过市场调查、展示交流商家的促销活动和策划本店铺的促销活动，认识多种促销方法，提高收集、交流和运用信息的能力，培养策划能力，学会交流、合作。

2. 通过讨论交流、初步制订销售计划，明白销售计划表的要素，增强规划意识。

活动的组织过程：

一、畅谈经验，共享资料，认识促销方法

师：欢迎大家再次走进"我的市场我策划"的综合实践活动！上节课，我们一起分享了第一届跳蚤市场成功的经验，也分析了失败的原因，知道得有人气，才有财气！所以要让生意更红火，什么最关键呢？

生：促销活动。

师：那现在就让我们来策划这次跳蚤市场的促销活动吧！

师：谁来说说上届跳蚤市场你们开展过哪些促销活动呢？

预设与指导策略：上届跳蚤市场中学生开展过的促销活动可能有降价、买一送一等。教师根据学生的回答归纳张贴出相应的促销方法，如降价优惠、购物赠礼。

师：其实呀，促销方法还有很多。课前老师布置大家去收集相关资料，有收集到的请举手！奖励你们每人一颗"收集星"！谁先上来展示一下你收集到的资料呢？

学生上台展示收集到的资料，介绍了解到的促销活动。

预设与指导策略：学生展示的资料可能有打折卡、商家的宣传单，介绍的促销活动也是多种多样。教师要根据学生的介绍加以归纳，板书相应的促销方法，如打折、购物游戏、凭券优惠、免费品尝等，也可根据需要给予补充。对上台介绍得好的同学可加以肯定，奖励汇报星。

二、小组合作，交流评议，策划促销活动

师：通过刚才的交流，我们认识了这么多种促销方法，如果我们要将它们运用到跳蚤市场上，应该注意什么呢？

预设与指导策略：学生可能会有以下说法。①不能亏本；②要适合所卖的商品；③要吸引人；④简单易行……教师对提出以上说法的学生加以肯定，奖励"智慧星"，并板书相应的内容。如果学生回答不完整可加以引导或补充。

师：下面，就请各位老板为你们的店铺策划一场精彩的促销活动，并填写如表3-16所示策划表。

表3-16　"促销活动"策划表

| 店铺名称 | |
|---|---|
| 活动名称 | |
| 活动细则 | |
| 所需道具 | |

教师指导填写策划表，重点指导活动细则的填写。

各店铺上台展示策划表，介绍策划的促销活动。

预设与指导策略：各店铺策划的促销活动采用的促销方法可能有打折法、同价法、购物赠礼法、购物游戏法等，教师可引导学生从不亏本、适合、吸引、易行等方面互评，对各店铺活动名称有创意、活动细则填写清楚、策划的促销活动受欢迎等优点给予肯定，奖励"合作星"，对不足的地方引导学生提出建议，指导修改完善。

三、集体讨论，全面规划，制订销售计划

师：通过各店铺的团结合作，我们已经完成了活动前最关键的一步——策划好了促销活动。那么活动前还要做其他工作吗？

预设与指导策略：学生可能提到准备工作之一"做宣传海报"，教师出示上届跳蚤市场中学生制作的宣传海报，指出除了醒目的广告语、精美的插图，如果能将此次促销活动也展示出来，将会更吸引顾客。接着引导集体讨论，明白活动前的准备工作还有：①给商品定价、贴标签；②设计记账单；③准备促销活动道具；④准备零钱等。

师：各项工作准备就绪后，销售当天就是大家大展拳脚的时候了。当天你想负责什么工作呢？

预设与指导策略：学生可能提到想当售货员、收银员、促销人员等，教师可根据实际情况对能发挥自己优势承担任务的同学给予肯定，适时指导分工。

师：活动当天我们还有一些需要注意的事项，如要文明诚信、坚守岗位等，都要指出来提醒大家注意。

师：在大家的集体智慧下，销售前要考虑的问题都出来了，把这些问题制成一张表格，就是这次的销售计划表（课件出示如下图所示"跳蚤市场"销售计划表）。请各位小老板利用课后时间商量一下，把这张表格填写完整，我们下节课再来交流，看看哪组能再次获得"合作星"。

**"跳蚤市场"销售计划表**

| 商品类别 | | | |
|---|---|---|---|
| 店铺名称 | | 店长 | |
| 促销活动 | | | |
| 准备工作及分工 | 准备项目 | | 负责人 |
| | | | |
| 销售分工 | 任务 | | 负责人 |
| | | | |
| | | | |
| 注意事项 | | | |

课后活动：各店铺讨论制订销售计划表。

第 2 课时

活动目标：

1. 通过交流评议、修改完善销售计划表，学会制订一份具体、合理的销售计划，提高规划能力和交流、评价能力，培养小组合作能力。

2. 通过制作宣传海报、制作道具、设计记账单等准备工作，提高动手动脑能力，培养各尽其才、团结协作的精神。

活动的组织过程：

1. 各店铺展示交流制订的销售计划表，师生评议，重点评议分工情况和注意事项。

2. 各店铺修改完善销售计划表。

3. 各店铺人员按照分工做好各项准备工作，教师巡视指导，对学生遇到的困难及时给予指导和帮助。

(1) 给商品定价、贴标签；

(2) 设计记账单；

(3) 准备促销活动道具；

(4) 制作宣传海报……

课后活动：继续完成各项准备工作。

## 活动实施阶段

活动目标：

1. 通过参加学校第二届跳蚤市场活动，感受促销活动和制订计划的重要性，提高社会实践能力和小组合作能力，培养市场竞争意识。

2. 通过统计盈亏、分配盈余活动，培养统计、分配能力，体验成功的喜悦和赚钱的辛苦，增强节约意识。

活动的组织过程：

### 第1、2课时

各店铺按照制订的销售计划分工合作，积极参与学校的第二届跳蚤市场，活动中教师给予关注，对遇到的困难及时给予指导和帮助。

### 第3课时

1. 教师指导学生统计盈亏，合理分配盈利，并根据盈利情况奖励"合作星"。

2. 学生将此次活动的收获及反思写下来。

### 活动总结阶段

活动目标：

通过畅谈活动收获及反思，体验成功的喜悦，感受促销活动和制订计划的重要性；体验赚钱的辛苦，增强节约意识；体验团结合作的重要性；培养语言表达和总结、反思能力。

活动的组织过程：

1. 请赚钱较多的店铺"老板"介绍成功经验。

2. 请各店铺交流此次开展促销活动的情况，教师根据各店铺情况肯定优点，指出不足，并引导学生提出改进意见，为今后开展促销活动指明方向。

3. 请学生畅谈此次活动的收获和感想。

4. 教师小结。

**附录**

### 《指导纲要》职业体验及其他活动推荐主题及其说明

| 学段 | 活动主题 | 简要说明 |
| --- | --- | --- |
| 1~2年级 | 1. 队前教育 | 知道少先队组织含义和入队标准，有强烈的入队意愿，通过实际行动掌握队前教育知识和技能，用行动志愿加入光荣的少先队组织，成为一名合格的少先队员 |
| | 2. 入队仪式 | 通过庄严的入队仪式，帮助队员明确身份和责任，为队员的组织成长留下痕迹 |
| | 3. 少代会 | 了解或参与少代会，产生向往和体验队组织生活的情感 |
| | 4. 红领巾心向党 | 了解、区分党、团、队旗的特点，了解共性，达到认识组织标志、简单了解组织间领导和发展关系的目的 |

续表

| 学段 | 活动主题 | 简要说明 |
|---|---|---|
| 3~6年级 | 1. 今天我当家 | 通过记录家庭一日支出、制订购物计划、合理支配个人零花钱、了解购物小常识、自购学习用品、尝试当家一天、学习正确选购简单安全的食材等活动，初步树立理财意识，养成勤俭节约的生活习惯，培养对父母的感恩之心 |
| | 2. 校园文化活动我参与 | 通过访问、考察等方式调查与了解本校各种校园文化活动（如值周活动，各种社团活动，各种重要节日活动，校园体育、阅读、艺术、科技节等）的实施要求，选择自己感兴趣的活动参与其中，从中发现问题，提出改进措施，增强参与服务意识，提高发现问题的能力 |
| | 3. 走进博物馆、纪念馆、名人故居、农业基地 | 在外出考察前，利用网络、书籍等多种途径，了解社会资源单位的基本情况、资源内容与特点；提出研究问题，设计考察方案；通过任务驱动的方式，有效地开展实践活动，获得研究结论；增加对本地自然和社会生活的了解，增长生活经验，增强社会适应能力 |
| | 4. 我是小小养殖员 | 在教师的指导和组织下，亲手饲养1~2种常见小动物（如小金鱼、小乌龟、小白兔等），农村地区的学生可以帮助家人养家禽等，记录饲养过程，完成它们成长过程的观察记录，懂得饲养的正确方法；学会用数据、照片、视频、语言描述等方法交流自己的观察结果和饲养体验；初步了解并掌握若干种小动物饲养的简单方法，增强关爱小动物以及人与动物和谐相处的生态意识 |
| | 5. 创建我们自己的"银行"（如阅读、道德、环保） | 讨论和分析如何通过创建"银行"来解决各种日常（班级）生活中的问题（如阅读问题、道德意识、环保意识培养等）；开展规则制订、任务分工、运用实验及效果分析等活动，提高活动策划与组织实施能力 |

续表

| 学段 | 活动主题 | 简要说明 |
|---|---|---|
| | 6. 找个岗位去体验 | 联系学生家长单位或学校周边商场、图书馆、派出所、环保局等单位，体验理货、整理图书、打扫卫生、协警等岗位；初步体验职业，感受不同职业的劳动，体会各种职业劳动的艰辛；初步树立尊重别人劳动成果的意识，体会劳动创造幸福生活的内涵 |
| | 7. 走进爱国主义教育基地、国防教育场所 | 利用网络、书籍等多种途径，了解要参观考察的爱国主义教育基地（禁毒教育基地、安全教育基地、红色旅游区）、国防教育场所的基本情况、资源内容与特点；提出自己想研究的问题，在参观和考察过程中尝试解决问题，增强爱国主义情感和国家认同感 |
| | 8. 过我们10岁的生日 | 一起过10岁集体生日，凝结友情，增强集体凝聚力；梳理自己和集体的成长足迹，避免攀比等负面现象，确定自己和集体新的成长目标，关注个人与集体共同的成长、收获，感恩父母、师长、同伴 |
| | 9. 红领巾相约中国梦 | 从少先队员的视角采访亲朋好友及社会各行业的人，了解个人成长、发展与实现中国梦之间的关系，激励自身努力增长本领和才干，为实现中国梦作出自己的贡献 |
| | 10. 来之不易的粮食 | 调查和实地考察农民，了解当地主要粮食作物的种类，认识各种粮食作物，观察农作物生长，体验作物栽培管理（如除草、间苗、浇水、施肥等），感受粮食的来之不易，初步树立爱惜粮食、尊重他人劳动成果的意识和行为习惯 |
| | 11. 走进立法、司法机关 | 收集信息了解人民代表大会、法院、检察院等的职能；走进当地人民代表大会、法院、检察院等；与立法、司法机关工作人员进行座谈；旁听法院庭审；组织开展"模拟审议""模拟法庭"等活动；交流分享对法律尊严的理解和认识，尊崇法治，敬畏法律，具有规则与法治意识 |

第三章　生长课堂的教学设计举隅　139

续表

| 学段 | 活动主题 | 简要说明 |
| --- | --- | --- |
|  | 12. 我喜爱的植物栽培技术 | 在教师的指导和组织下，亲手种植1~2种常见农作物或花卉，观察记录它们的生长过程，掌握栽培的基本方法；学会用数据、图画、语言描述等方法交流自己的观察结果和种植体验；学会使用简单的种植小工具，初步掌握种植的一般方法，增强与自然和谐相处的生态意识 |

## 第四节　社会服务活动教学设计举隅

### 一、社会服务活动的内涵与实施建议

《指导纲要》指出，社会服务是学生在教师的指导下，走出教室，参与社会活动，以自己的劳动满足社会组织或他人的需要，如公益活动、志愿服务、勤工俭学等，它强调学生在满足被服务者需要的过程中，获得自身发展，促进相关知识技能的学习，提升实践能力，成为履职尽责、敢于担当的人。社会服务是综合实践活动的四种主要活动方式之一。活动的设计与开发要体现生长课堂的真实性、开放性、综合性、实践性等特征，让学生进入实际的情境开展服务活动。活动的内容应是开放的，依据活动的时空，活动内容主要包括社区服务、校内服务、家庭服务这三个方面，大大拓宽了学生的学习空间，课堂由教室延伸到社区和家庭，呈现出时时处处是课堂的景象，对培养学生的责任担当、实践能力和创新精神等核心素养具有重要的作用，为未来积极参与社会打下基础。

（一）挖掘资源，选择易于常态化、可持续开展的社会服务活动

学校在规划和选择社会服务活动主题时，应立足于社会服务活动的育人目标，着重选择易于常态化、可持续开展的活动主题，引导学生持之以恒地参与到社会服务活动中，促成真正的价值体认、责任担当等育人目标的实现。要避免流于形式、出现为了服务而"服务"的实践活动。

社会服务活动的安全问题主要来自校外活动过程中的不确定因素。活动的空间范围越大，不确定的因素就越多，因此，在活动空间上倡导就近原则，尽量在学生生活的社区内开展活动，这样可以减少出行的麻烦，也降低交通事故发生的可能性。因此，开发和设计主题时，要根据学校资源情况因地制宜，应考虑学校及周边资源是否能够满足社会服务主题的开展要求。例如，我校在设计社会服务活动主题时，与学校德育处整合开展，与学校所在社区的居委会联系，沟通并确立了社区公园环境打扫、文化政策宣传、社区敬老院帮扶活动等多项服务内容，并挂牌为我校社会服务基地，设置成为我校3—6年级学生志愿服务岗位。各年级、班级学生定期、轮流开展服务活动，真正发挥了社会服务活动的育人功能，增强了学生的社会责任感。

**（二）把握社会服务活动的关键要素，有效推进服务活动**

《指导纲要》明确了社会服务活动的关键要素包括：明确服务对象与需要；制订服务活动计划；开展服务行动；反思服务经历，分享活动经验。社会服务要实现其育人价值，就要把握关键要素规范地实施，才能实现服务与学习双重功能的有机统一。

1. 明确服务对象与需要。

首先，为提高社会服务的针对性和实效性，在活动之前，教师要引导学生开展服务需求调查，通过采访、问卷、实地调查等方法获得相关信息，开展服务需求分析，了解社区、他人的真实问题和需求，才能确定真正有需求的服务对象和能满足需求的服务内容。其次，要考虑学生的兴趣、经验和能力是否能满足服务对象的需求。再次，要注意活动内容的时间和空间的可行性。在活动主题设计时就要考虑是在上课时间集中组织去参与，还是利用周末或节假日时间组织，要分析利用哪个时间可以完成活动，达到预设的活动目标。

2. 制订服务计划。

明确了服务对象与需求后，在开展服务前教师还要带领学生制订合理可行的服务计划，保障服务活动顺利、有效地开展。通常在学生制订服务计划之前，教师应让学生了解一个完整的服务计划应包括哪些内容，这样才能使计划制订得更规范、更完整。一般来说，服务计划主要包括以下几部分内容：活动目的、服务对象、服务内容、活动过程、小组分工、注意事项、预期困难等。当然，每个主题的服务计划可以视情况灵活调整要素。刚开始，教师可以提供一份范例给学生参考，但是在提供范例时要注意给学生自主拟定计划留出空间，当学生对计划的设计比较熟悉的时候，教师就要放手让学生自主确定服务计划的形式及要素，让学生经历"感知—模仿—创新"的过程，在模仿的基础上有创新，从而学会服务计划的制订，提高规划能力。为了保障服务计划的可行性，计划最好还要与服务对象进行沟通获得认可。

3. 开展服务行动。

服务行动是社会服务活动实施中最核心、最关键的阶段。在这一阶段，教师的有效指导更是不可缺少。活动前，一要进行相关技能指导。服务活动前教师要根据服务对象的情况、服务内容所需的技能要求等做好相应的知识、服务技能的学习与培训，为服务活动奠定基础。二要注重安全管理。由于社会服务活动的地点多数在室外，教师应对学生进行必要的安全指导，同时要做好安全预案，并将服务活动的安全指导贯穿于活动的整个过程。为了让服务更有效，学校要建立申报制度。教师要提前向学校申请，取得学校的支持，便于进行相关的课务调整、人员协调；要向家长通报，通过发放告家长书等形式告知家长开展社会服务活动的意义、目的、时间、地点等，有利于学校、家庭形成合力，协同完成好社会服务活动的任务。同时教师要提前做好现场勘查，充分掌握活动路线和活动场所的不安全因素和应对措施。只有对活动环境了如指掌，才能预防学生服务活动中的安全问题，保证活动的顺利进行。

活动时，教师要跟踪了解学生在服务活动中的情况，特别是在活动的初始阶段，学生往往兴致比较高，但随着服务活动的深入开展，学生会因为自控能力差或者兴趣的转移，又或者遇到困难，而出现退缩、消极的情绪，导致活动半途而废。学生在活动过程中遇到解决不了的困难最容易产生消极情绪，如果处理不好，会极大地打击他们的活动积极性，使活动难以开展下去。因此，教师要深入了解发现学生服务活动中遇到的问题，有针对性地给予指导与帮助，及时组织灵活多样的交流、研讨活动，也可以根据实际情况对服务计划加以调整，保障服务活动进行到底。总之，教师指导重在激励、启迪、点拨、引导，不能对学生的活动过程包办代替。同时还要指导学生做好活动过程的记录。

4. 反思分享。

分享、反思是指导和推动各项工作必不可少的一个步骤。教师要认识到反思分享是社会服务的重要环节，是提升学生认识、形成正确劳动价值观的重要环节。服务活动后，教师要指导学生通过撰写反思日记、收获卡等形式，对所参加活动的全过程进行系统的总结与回顾，反思成败得失，提升个体经验，完善知识建构。反思的内容要深入，通常包括活动过程中的表现、服务态度、活动收获与体会、遇到的困难与解决办法等，特别是要有树立劳动观念、弘扬劳动精神等的价值体认。同时，教师可设计活动反思评价表，引导学生对照预期目标进行自评、互评，寻找差距和问题并分析其原因。通过同学、教师、家长从不同角度对自己的评价来审视自身，发现自己的优点与缺点，从而促进自己在以后的服务活动中加以改进，养成不断反思的习惯。

（三）加强统筹设计，实现多种活动方式融合实施

《指导纲要》指出，综合实践活动的各种方式可以整合实施，使不同活动要素彼此渗透、融会贯通。社会服务方式具有与其他活动方式整合的天然优势和特征，学校在统筹设计综合实践活动课程时，应该有意识地把社会服务方式与其他方式整合开设，将学生在考察探究、设计制作等活动中的研究成果通过成果宣传、他人帮扶、劳动技能培训等多种服务形式进行拓展和延伸，以达到综合育人的效果。还可以与学校德育教育主题活

动、班团队活动、专题教育活动等进行综合设计。

## 二、社会服务活动的教学课例

### "我也做个小雷锋"综合实践主题活动方案

【主题说明】

"雷锋"不仅仅是一个人的名字,"雷锋精神"更不仅仅是一个人的精神,它已经成为中华民族精神的一个闪亮的符号。毛泽东主席把 3 月 5 日定为"学雷锋纪念日"。学校少先队大队部每年都会开展各种形式的学雷锋活动。四年级的学生在以往的学习活动中有多次参与学雷锋活动的经历,对雷锋精神并不陌生,但是对雷锋精神的内涵认识不够全面,对新时代如何学雷锋缺乏主动思考和实践。因此,校园学雷锋活动如何更有效开展呢?经过讨论,学校决定将学雷锋引入综合实践活动课,开展"学习雷锋好榜样"的主题系列活动,有利于引导学生深入开展学雷锋活动,提高活动实效。"我也做个小雷锋"就是"学习雷锋好榜样"这一主题下生成的活动,在这个活动之前可以开展"雷锋精神知多少""寻找身边的小雷锋"等活动,让他们对雷锋精神有更深入的了解,产生学习雷锋的积极性。"我也做个小雷锋"属于社会服务领域,旨在引导学生亲身参与到学雷锋服务活动中,弘扬"雷锋精神",争做新时代的小雷锋,促进知行合一,在活动中增强服务意识,初步产生参与社会服务的意愿。

【活动总目标】

1. 通过交流课前调查,明确服务需求,产生服务积极性。

2. 通过经历学雷锋服务计划的初步制订、展示评议、修改完善的过程,增强规划意识和小组合作能力。

3. 通过亲历学雷锋服务活动,学会简单的服务技能,增强服务意识,初步产生参与社会服务的意愿。

4. 能用喜欢的方式展示服务行动的经历,主动分享体验和感受。

【适用年级】

四年级

【活动时长】

课内 5 课时＋课外

【活动规划】

| 活动阶段 | 课时建议 | 活动规划 |
| --- | --- | --- |
| 活动准备 | 课内 2 课时＋课外 | 课前，学生通过实地调查、访问等形式开展服务需求调查；课上，学生交流调查发现，汇总梳理服务项目；接着，各组选择服务项目，讨论制定学雷锋服务计划；然后，各组根据服务计划学习所需的服务知识和技能，准备好相关工具准备 |
| 活动实施 | 课内 2 课时＋课外 | 各组按照制订的学雷锋服务计划，在老师或家长志愿者的组织下，利用课余时间开展服务行动（有条件也可课内时间统一组织），并做好服务记录 |
| 活动总结 | 课内 1 课时＋课外 | 课上，举行交流展示会，各组选择合适的方式展示学雷锋服务行动的经历，分享成功与快乐；组织从自我表现、遇到的困难、活动收获、努力方向等方面进行活动反思，对照评价表开展多元评价；课后，可再次开展服务行动 |

【各阶段的具体组织过程】

**活动准备阶段**

一、生成活动主题

师：同学们，在"寻找身边的小雷锋"活动中，我们发现了雷锋精神离我们并不遥远，在我们的身边就有许多的小雷锋值得我们学习。为了更好地弘扬"雷锋精神"，让我们也来争做一个新时代的小雷锋吧！（板书课题）

二、交流服务需求调查

师：争当小雷锋，我们可以到哪些地方开展服务行动？有哪些人需要我们服务呢？课前大家已通过实地考察、访问等方法去调查服务需求，下面谁来汇报你的发现？

学生交流课前调查发现，教师引导学生评议哪些是我们有能力和条件解决的服务项目。

三、制订服务计划

师：确定好服务项目后，还要制订一份切实可行的服务计划。

各小组选择服务项目。教师引导各组根据组员的兴趣和条件选择服务项目。可以在校门口争做一名助人为乐的小雷锋；可以到社区清除"牛皮癣"，争当爱护环境小雷锋；可以到老人院服务，争当尊老敬老小雷锋；可以到图书馆协助整理图书，争当热心公益小雷锋……

各组制订服务计划。教师出示计划表范例（如表 3-17），指导学生填写。

表 3-17　"学雷锋"小组服务计划

| 组名 | | | 组长 | |
|---|---|---|---|---|
| 小雷锋姓名 | | | | |
| 服务项目 | 到图书馆志愿服务 ||||
| 服务地点 | 少儿图书馆 | | 服务时间 | |
| 活动步骤 | 1. 请教图书馆工作人员了解志愿服务任务<br>2. 向图书馆工作人员学习服务技能<br>3. 开展志愿服务行动<br>（1）服务读者<br>（2）维持借阅秩序<br>（3）图书分类排架<br>（4）…… ||||
| 小组分工 | | | | |
| 注意事项 | | | | |

各组展示交流制订的服务计划，教师引导学生进行评议。

各组修改完善服务计划。

【教师指导要点：学生制订服务计划要重点指导。（1）根据组员的实际情况确定合理的服务时间和地点；（2）活动步骤要写具体，应包括了解服务内容和学习服务技能；（3）小组分工要明确，根据组员的兴趣、特长和实际条件来分工。】

四、学习服务技能

师：开展学雷锋志愿服务行动前，得先学会相关的服务技能，这样才能更好地完成任务。那你们想通过什么方式学会什么技能呢？教师指导学生可以通过上网查阅资料、采访服务对象或工作人员等、实地观察等方法学会相关服务项目的技能。

学生利用课外时间学会相关的服务技能。教师跟踪学习情况，给予必要的指导和帮助。

## 活动实施阶段

各组按照服务计划，利用课余时间和节假日开展服务行动，有条件也可课内时间组织。

【教师指导要点：活动前，教师要引导学生讨论明确活动的注意事项，并在活动中给予关注和指导。（1）外出活动时，要遵守秩序，必须有教师或家长志愿者协助带队，可聘请他们作为活动导师，确保活动安全；（2）帮助他人要力所能及、主动靠前、用心服务；（3）到医院、图书馆等场所服务时要注意保持安静，不喧哗；（4）服务活动要坚持到底，不能半途而废。】

## 活动总结阶段

一、交流展示会

师：让我们用自己喜欢的形式展示学雷锋服务行动的经历，共同分享成功与快乐吧！

各组通过多种形式展示交流学雷锋服务行动的经历和收获，教师引导其他学生质疑与评价。

**【教师指导要点】**：指导学生用多种形式展示交流活动经历，可以展示图片、文字资料、实物等，还可以采取讲述、表演、媒体播放等形式；要根据组员的能力和条件选择恰当的汇报方式。】

二、畅谈收获与反思

师：通过这次活动，你有哪些收获和感想？请把它们写下来，和同学们交流一下。

学生填写收获与反思单（如下图所示），指名交流分享，畅谈收获与反思。

```
我的收获与反思
在服务行动中，我对自己的表现_____（基本满意  不够满意）
理由是：_____
在活动中，我遇到的最大困难是：_____
_____
我是这样解决困难的：_____
我的收获是：_____
_____
今后，我要在这些方面继续努力：_____
_____
```

**【教师指导要点】**：利用收获与反思单，引导学生从多方面进行反思，如自我表现、遇到的困难和解决办法、活动收获、努力方向等。】

三、活动评价

在整个主题活动结束后，教师可设计评价表，组织学生进行自我评价、同学评价、教师或家长评价等多元评价，引导学生关注方案制订、信息收集、成果展示、服务行动、总结反思等方面的表现，让学生看到自己的进步和成长，明确今后的努力方向。

四、再次服务

师：志愿服务贵在坚持，根据第一次服务行动总结出来的经验，让我们再次开展服务行动，可以选择同一个服务项目，也可以尝试新的项目哦！

学生利用课余时间再次服务。

## "做个养绿护绿小能手"综合实践主题活动方案

【主题说明】

养绿护绿要从身边做起，从你我做起。为了美化校园，培养学生主人翁意识，学校利用植树节开展"我为校园添新绿"的活动，学生们纷纷带来了盆栽放在学校的各个区域，并由自己进行养护。学生们兴致勃勃，经常利用科学课以及课余时间去养护，但是学生们掌握的养护知识有限，没有制订科学的养护计划，一段时间后，有的盆栽由于浇水太多，根烂而亡；有的养分过剩，杂草丛生……渐渐地，小盆栽被部分学生遗忘在角落。教师及时抓住这个契机，开展了"做个养绿护绿小能手"这个主题活动。该主题活动以社会服务为主要活动方式，旨在引导学生以自己的劳动满足校园盆栽植物的养护需求，在活动中获得自身发展，促进相关养护知识技能的学习，提升问题解决能力、规划能力、实践能力，成为履行职责、敢于担当、热爱自然的人，从小树立起养绿、护绿的环保意识。

【活动总目标】

1. 通过现场调查、交流分享，发现盆栽植物在养护方面存在的问题，明白盆栽植物养护的重要性，激发服务兴趣。

2. 在经历初步制订、修改完善盆栽养护服务计划的过程，提升问题解决能力，增强规划意识和小组合作能力。

3. 通过对盆栽的养护服务，获得相关知识和技能的学习，发展实践能力和责任担当等核心素养，增强养绿、护绿的环保意识。

【适用年级】

四年级

【活动时长】

课内 4 课时＋课外

【活动规划】

| 活动阶段 | 课时建议 | 活动规划 |
| --- | --- | --- |
| 活动准备 | 课内 2 课时＋课外 | 课前，学生调查校园小榕树盆栽养护现状；课上，学生交流调查结果，发现养护方面存在的问题，生成活动主题；接着，学生讨论交流小榕树盆栽养护需求；各组讨论制订养绿护绿服务计划；根据服务计划学习所需的服务知识和技能，制订养护指南，准备好相关材料和工具 |
| 活动实施 | 课内 1 课时＋课外 | 各组按照小榕树盆栽养护服务计划，利用课余时间开展服务体验（有条件也可课内时间统一组织），并做好养绿护绿储蓄登记，撰写服务日记 |
| 活动总结 | 课内 1 课时＋课外 | 课上，学生展示交流盆栽养护服务的经历，分享成功与快乐，畅谈收获与反思；结合养护储蓄卡，组织评选"养绿护绿小标兵"。课后，再次开展养护服务活动 |

【各阶段的具体组织过程】

## 活动准备阶段

课前活动：学生对校园小榕树养护现状进行调查，完成"榕树盆栽养护现状"调查表。

一、播放照片，回顾前期活动

师：同学们，去年家长们为你们每个人买了一盆小榕树放在校园里，由你们养护，请看！（课件出示小视频）现在这些小榕树怎么样了呢？课前，你们已经去做了调查，并且填写了调查表，（出示如下图所示调查表）你们都有什么发现呢？

**榕树盆栽养护现状调查表**

| 班级 |  | 组名 |  | 组长 |  |
|---|---|---|---|---|---|
| 服务对象 || 发现的问题 |||
| || 1. _____ <br> 2. _____ <br> 3. _____ |||

【**教师指导要点**：课前，引导学生到小组负责区域观察植物养护现状，发现盆栽存在的问题。如花盆破损、名牌丢失、枝叶枯萎、杂草丛生、虫害、垃圾无人清理等，并做好调查记录。】

二、调查汇报，明确服务需求

1. 邀请小组上台汇报调查发现的盆栽问题，其他同学补充，教师适时归纳板书。

2. 教师补充学生没有发现的盆栽养护现状照片，拓展存在的养护问题。

3. 学生畅谈感受，教师小结揭示活动主题。

4. 针对发现的养护问题，小组讨论交流服务需求。

5. 全班交流养护服务需求，教师归纳板书。

教师小结：众人拾柴火焰高，针对存在的问题，大家想到了这么多的解决方法，所以，问题不可怕，方法总比问题多！

【**教师指导要点**：引导学生针对问题提出盆栽养护服务需求。（1）换花盆或加固；（2）做名牌；（3）定期正确浇水、施肥、修剪枝叶、除草、除虫；（4）宣传爱绿护绿（提示牌、写倡议书广播站发布）。】

三、小组合作，制订服务计划

1. 出示表格（见下表 3-18），明确计划要素。

表 3-18　"争当养绿护绿小能手"服务计划

| 班级 | | 组名 | | 组长 | |
|---|---|---|---|---|---|
| 服务对象 | \multicolumn{5}{c}{小组成员认领的小榕树盆栽} |
| 序号 | 服务内容 | 服务小能手 | 服务时间 | 学习的技能 | 工具等准备 |
| 1 | | | | | |
| 2 | | | | | |
| 3 | | | | | |
| 4 | | | | | |

2. 小组合作，初定盆栽养护服务计划。

3. 展示评议，修改完善盆栽养护服务计划。

【教师指导要点】：(1) 选择服务内容：可以参考板书，根据服务对象存在问题选择力所能及的服务内容；(2) 小组分工：可根据服务内容分工，发挥特长，人人有任务；长期性任务可轮值，如浇水；(3) 学习的技能：根据服务内容，考虑自己已有的知识和技能，确定还需学习的技能，如正确的浇水、施肥、除虫办法等养护知识；(4) 工具等准备：根据服务内容考虑所需的工具等准备，如水壶、剪刀、小铲子等。】

四、学习服务技能，做好服务准备

1. 根据小组盆栽养护服务计划，做好相关服务的知识和技能学习。

2. 全班交流分享盆栽养护服务知识和技能。

3. 出示养护指南范例，指导各组制订养护指南。

4. 全班共同讨论交流盆栽养护服务的注意事项。

课后任务：各组根据盆栽养护服务任务准备好所需的材料和工具。

【教师指导要点】：(1) 根据服务的盆栽种类，通过查阅资料、访问等途径了解相关的养护知识，根据学会的知识和技能整理制订养护指南。(2) 指导明确服务注意事项：①服从指挥、按计划执行；②坚持不懈；③遇到困难想办法解决。】

## 活动实施阶段

1. 各组按照服务计划，利用课余时间开展盆栽养护服务体验，有条件也可课内时间统一组织。

2. 做好养绿护绿登记（储蓄卡，见表3-19），撰写服务日记。

**【教师指导要点：**做好学生养护服务活动的跟踪指导。（1）准备工作是否到位；（2）是否学会养护技能；（3）是否注意安全问题；（4）是否及时、正确做好养护储蓄卡记录和撰写服务日记。**】**

表3-19 "做个养绿护绿小能手"养护储蓄卡

| 开户银行（班级） |  | 户主 |  |  |  |
|---|---|---|---|---|---|
|  | 养护情况 | 阳光币 | 养护情况 | 阳光币 | 备注 |
| 储蓄说明 | 浇水 | +2 | 除草 | +2 | 每做一次养护服务即可获得相应阳光币，没完成任务酌情扣阳光币（组长验证签名） |
|  | 施肥 | +4 | 清洁 | +2 |  |
|  | 除虫 | +4 | 修剪 | +3 |  |
| 日期 | 养护情况 | 支出（－） | 收入（＋） | 结余 | 经理签名 |
|  |  |  |  |  |  |
|  |  |  |  |  |  |
|  |  |  |  |  |  |
|  |  |  |  |  |  |

## 活动总结阶段

1. 学生展示交流养护服务的经历，分享成功与快乐。

**【教师指导要点：**（1）汇报的指导：选择合适的汇报方式；做好相关准备（制作幻灯片、写主持词、设计问答题等）；展示时小组分工要明确，组织有序；汇报时声音响亮，表述清楚，自信大方，重点介绍服务过程与成果；（2）评议的指导：可对展示的内容和方式、汇报情况进行评价，肯

定亮点，提出建议；可提出自己的疑问和补充。】

2. 撰写活动收获与反思，全班交流分享。

【教师指导要点：指导从多个方面交流收获与反思。活动收获（对爱绿护绿的新认识、服务方法的习得和能力的提升等）、成功经验、不足之处及努力方向。】

3. 结合养护储蓄卡，评选"养绿护绿小标兵"。

4. 拓展延伸：再次开展养护服务活动。

【教师指导要点：再次服务的跟踪指导。（1）根据初次体验总结的经验，再次开展服务，继续利用养护储蓄卡做好记录；（2）关注学生养护服务情况，及时给予引导和帮助；（3）引导学生把养护经验在其他班级、年段进行宣传推广。】

## 附录

### 《指导纲要》社会服务活动推荐主题及其说明

| 学段 | 活动主题 | 简要说明 |
| --- | --- | --- |
| 1~2年级 | 1. 生活自理我能行 | 清洁个人生活用品：会洗袜子、红领巾，会刷鞋，清洗水杯、脸盆等；学习用品分类整理：按学习需要准备学习用品，归类收纳学习用品，及时整理书包；清洁居室卫生：用完的物品放回原处，扫地，垃圾分类入箱，整理床铺，衣服分类摆放等；从力所能及的自我服务劳动做起，学会料理自己的生活，养成自己的事情自己做的好习惯 |
| | 2. 争当集体劳动小能手 | 集体服务劳动包括班级劳动、校园劳动、家务劳动、公益活动、社区服务等；例如：搞好（班级）公共卫生，整理红领巾队务阵地，会扫地、拖地、擦黑板、摆放桌椅等；帮助老师、家长等做力所能及的事；给校园花草树木浇水等；养成自己的事自己做、他人的事帮着做、公益（集体）的事争着做的劳动习惯和优良品质 |

续表

| 学段 | 活动主题 | 简要说明 |
|---|---|---|
| 3~6年级 | 1. 家务劳动我能行 | 帮助家长做力所能及的家务劳动（择菜、洗菜、洗水果、整理饭桌、洗碗筷等），学会简单手工缝纫技术，学会一般衣物的洗涤（包括机洗）、晾晒和折叠方法；知道家庭安全用电、用火、用煤气等的方法，初步学会家庭触电、火灾的预防、急救与逃生；养成良好的劳动习惯，端正劳动态度，提高家庭责任感 |
| | 2. 我是校园志愿者 | 通过考察、访问了解校园志愿服务需求，了解不同岗位的职责和要求；学习开展服务的方法，了解相关注意事项；开展持续、有效、多样的校园志愿服务活动；利用班级、少先队活动等多种形式进行校园志愿活动的展示交流；积极参与校园志愿活动，具有团队合作意识，热心志愿服务活动 |
| | 3. 学习身边的小雷锋 | 寻访身边的"小雷锋"，总结分析他们的事迹；根据自身情况，设计自己（小组）的学雷锋行动计划，并开展实际行动，初步树立热心公益劳动、乐于助人的道德品质 |
| | 4. 红领巾爱心义卖行动 | 收集闲置的书籍、学习用品、玩具、手工艺品等物品；策划与组织爱心义卖活动，并在教师建议下合理使用义卖收入；提高爱心助人、团结合作的思想和意识，增强活动策划与设计能力，初步树立"循环经济""绿色生活"的环保意识 |
| | 5. 社区公益服务我参与 | 在社区或村委会参与如卫生打扫、环境维护、小广告清理等各种力所能及的便民利民性质的社区公益劳动；在班级交流分享参与过程与感悟体验，增强服务他人、社会的意识 |
| | 6. 我做环保宣传员 | 调查和发现身边存在的环境问题，分析可以采取的措施和解决办法，开展环境保护宣传活动，体验绿色生活方式，树立保护环境、节约资源的观念和生态意识 |

续表

| 学段 | 活动主题 | 简要说明 |
|---|---|---|
|  | 7. 我是尊老敬老好少年 | 积极主动与身边的老年人沟通和交流，了解老年人的实际生活困难和需求；为身边的老年人做一些力所能及的事，并长期坚持；初步树立尊老敬老、主动为老年人提供服务的意识，增强社会责任感 |

# 第四章 生长课堂的延伸应用

## 第一节 生长课堂与劳动教育

综合实践活动课程作为一门"同生产劳动和社会实践相结合"的实践课程，是学校开展劳动教育的重要载体。《指导纲要》指出，考察探究、设计制作、职业体验和社会服务是综合实践活动的主要活动方式，其中设计制作、职业体验和社会服务活动都是培育劳动素养的主要途径。

2022年教育部印发的《义务教育劳动课程标准》指出，劳动将从综合实践活动课程中独立出来，成为国家的一门必修课程，以丰富开放的劳动项目为载体，有目的、有计划地组织学生参加日常生活劳动、生产劳动和服务性劳动，让学生动手实践、出力流汗，接受锻炼、磨炼意志，培养学生正确的劳动价值观和良好的劳动品质。劳动课程坚持育人导向，构建以实践为主线的课程结构，加强与学生生活和社会实际的联系，倡导丰富多样的实践方式，注重综合评价。可见，劳动课程的目标与理念与综合实践活动生长课堂是一致的。虽然劳动课从综合实践活动课程中独立出去了，但是依然可以将生长课堂的教学理念应用于劳动课中，促进学生劳动素养的生长。

下面以五年级劳动项目"鞋盒巧变收纳盒"为例，谈谈如何在活动中通过落实生长课堂的教学理念，促进学生劳动素养的培育。

### 一、创设情境，激发劳动热情

综合实践活动生长课堂倡导让学生在真实的生活情境中自然地生长。因此，在劳动课中，教师不能为了物化而物化，它应该是在解决学生生活中具有一定价值的真实问题的过程中实现的。在"鞋盒巧变收纳盒"活动中，教师设计了下面两个环节来激发学生参与创造劳动的热情。

1. 链接生活，发现问题。

问题是课堂活动的源泉。教师精选了几张家里不同地方物品摆放凌乱的照片播放给学生观看，然后让学生畅谈观后感受。

生1：太乱了。

生2：拿东西很不方便。

生3：需要好好整理。

……

师：在家里的各个区域都会有许多小物品，如果没有好好收纳整理，不仅看起来很凌乱，也会给我们带来不便。

当学生聚焦到收纳问题上时，教师顺势抛出问题：那有什么办法解决呢？一石激起千层浪，学生纷纷提出了各种解决办法，可见这个真实的生活问题有效地激活了学生的已有经验，调动了学生解决问题的内驱力。

2. 链接作品，激发兴趣。

当学生达成共识要用收纳盒来整理物品摆放凌乱的问题后，教师立即抓住学生的兴趣点，播放了几张用收纳盒整理后的照片，让学生进一步感受到收纳盒的作用和科学收纳的意义。然后，老师拿出了一个用鞋盒自制的桌面收纳盒，让学生猜制作材料，当学生惊讶地发现是用鞋盒改造的时候，老师趁势说道："鞋盒是我们生活中常见的垃圾。只要开动脑筋，发挥巧手，就能将鞋盒改造成我们需要的收纳盒哦！你想成为收纳小达人，自己动手做一个吗？"学生的创作热情立即被激发了。

可见，在提出劳动任务时，教师要创设真实的问题情境，让学生感受到劳动创造的意义和价值，从而激发学生参与劳动的积极性。

## 二、精选素材，培养设计思维

综合实践活动生长课堂倡导在学生生长过程中，教师要抓住关键支点给予学生必要的帮助和指导。对于小学生来说，虽然具有一定的制作能力，也积累了一定的学科知识和技能，但是由于他们很多想法都是零散的，也不懂得设计，不知道如何综合运用知识来解决问题。因此，在"鞋盒巧变收纳盒"劳动准备阶段，教师精选素材，指导学生进行创意设计，发展设计思维。

1. 观察特点，指明创作思路。

学生在设计制作之前，往往会毫无头绪，如果能提供一个范例，让学生有迹可循，就能降低物化难度。在"鞋盒巧变收纳盒"活动中，教师精选了几个用途、材料、造型、结构不同的收纳盒让学生观察，并填写观察记录表，交流发现的异同点。通过师生、生生交流，学生丰富了已有经验，发现了收纳盒的结构有分格式、抽屉式、组合式等；造型有几何图形、动物造型、建筑造型等；可以采用多种装饰材料和装饰方法……这些都为学生后续的自主创意设计指明了方向，也让学生明白要创作一个物品首先要了解物品的特点。

2. 交流亮点，启发创意方法。

为了启发学生的创意灵感，在"鞋盒巧变收纳盒"活动的创意设计前，教师精选了几个运用不同创意方法制作的收纳盒让学生欣赏，并让学生充分交流自己喜欢的收纳盒和喜欢的理由。

生1：我喜欢第2个收纳盒，因为它在鞋盒中间巧妙地加上圆柱，做成上下两层。

师：你们还能想到怎么加？

生2：加个书立，让它更实用。

生3：加颗珠子当拉手……

师：看来，巧妙运用"加一加"的方法能让你的收纳盒升值哦！

类似这样，在欣赏优秀作品中，让学生通过互相交流亮点感受运用"加一加""减一减""变一变"等创意方法的妙处，从而启发创意灵感。

3. 自主设计，渗透手工技法。

独立思考是培养学生创新精神的关键。我们在获取知识前都需要独立思考。在"鞋盒巧变收纳盒"活动中，经过前面教师的引路，学生已明确了设计思路和方法，一个个创意灵感被激发出来了。于是，教师抛出了几个问题引发学生独立思考：

（1）你想为谁设计收纳盒？打算用它来收纳什么物品？

（2）你想把鞋盒改造成怎样的造型和结构？

（3）怎样把它装饰得更美观、更有创意呢？

这系列问题引领着学生有序思考，提出各自富有个性的设计方案。

可是对于五年级的学生来说，初步制订的收纳盒的设计方案肯定还存在着考虑不周和不合理的地方，在设计中也存在着手工技法上的难点。于是，教师精选了两份有代表性方案进行展评，并相机指导加隔板、做抽屉等手工技法，为创意物化扫清障碍。如：

*方案一："简易桌面收纳盒"设计方案*

当教师展示这份方案后，有的学生提出这个收纳盒只有一大格不方便放东西，建议增加隔板。而加隔板是很多同学做收纳盒都要用到的技法。"你会做隔板吗？"于是教师抓住契机抛出了问题，并让学生当场尝试制作隔板，教师则抓拍学生制作隔板中出现的问题照片，引导讨论解决办法，从而渗透指导了做隔板的技巧。

*方案二："两层多功能收纳盒"设计方案*

当学生都为方案二中两层抽屉的巧妙设计点赞时，教师让学生交流了做抽屉的已有经验，再通过播放运用剪、挖等技巧将鞋盖、牙膏盒等材料做成抽屉的视频，进一步拓展做抽屉的技法，突破了制作难点。

可见，在劳动课的准备阶段，教师要善于精选素材，引导学生发现"物"的特点，渗透创意方法和手工技法学习，留足时间让学生经历自主创意设计和展评过程，让学生的创意设计思维和规划能力得到发展。

### 三、自主选择，发展材料认知技能

综合实践活动生长课堂倡导要充分发挥学生的自主性，促进学生主动成长。在"鞋盒巧变收纳盒"活动中，教师并没有统一限制学生使用的材料和工具，而是让学生根据自主设计的方案选择所需的材料和工具，为学生对材料的判断、自身能力的判断提供机会。同时，教师提示学生在选择过程中如果预设的材料和工具找不到，可以根据现有条件调整设计方案。

如，有的学生想找三个鞋盒设计成三层多功能收纳盒，结果只找到一个鞋盒和一个牙膏盒，最后就调整方案，设计成一个带小抽屉（牙膏盒改造）的分隔收纳盒。又如，在黏合工具的选择上也是五花八门，有液体胶水、双面胶、固体胶、万能胶、胶枪等，教师没有去否定学生的选择，而是提供机会让学生到实践中去实验，即使是失败的教训，也是宝贵的财富。

因此，在劳动创作中，只有给学生提供独立判断和选择的机会，让学生自主探寻，亲身体验其效果，才能更好地培养材料认知技能。

## 四、自由创作，发展实践创新能力

综合实践活动生长课堂倡导为学生创设自主实践的时间和空间，让学生能获得充实的生长。在劳动课中，学生不仅要有创意设计，还要有实践和操作的机会，才能形成创意物化能力。在"鞋盒巧变收纳盒"的动手制作阶段，教师能将课堂还给学生，让学生自主探究，自由创作，为学生创造条件将方案物化。学生可以采用独立完成或者跟同伴合作的方式进行制作，在自主实践中思考困难解决办法，真正调动起多学科知识和技能来将创意物化。学生制作时教师能巡视指导，发现问题及时给予针对性的指导和帮助，比如，教师发现很多学生在胶枪使用上存在问题，于是就停下来集中指导，先让学生交流各自做法，再播放小视频指导正确使用。

总之，在动手制作环节，教师要给学生自主创作的时空，要善于因材施教，为其提供所需的方法指导和资源帮助，有效助力创意实现。只有让学生在充分的自主创作的空间中真实地学习，才是对学生动手操作能力、创新精神、工程思维、探究精神、团队协作等素养的真正历练。

## 五、充分表达，体验劳动乐趣

综合实践活动生长课堂注重给学生创设成果展示的平台，让学生体验生长快乐。交流评价也是劳动项目过程不容忽视的一个环节。在"鞋盒巧变收纳盒"展示交流环节，老师先组织学生在组内进行展示，推选出小组最满意的作品，然后在全班举行"收纳盒作品发布会"，鼓励以产品推介的方式展示各组推选出的最满意的作品，介绍其功能、材料选择、制作方法等，分享成功经验，并组织同学根据亮点进行投票，分别授予最佳人气奖、实用奖、美观奖、创意奖。

在这样的交流评价环节，教师为学生创设了充分表达的空间。一是在组内交流展示，让人人都有展示交流的机会；二是全班的作品发布会，让学生体验到了成功的喜悦，感受到了劳动创造的乐趣，互相的点赞欣赏也有利于学生审美意识、交流能力等的发展。

## 六、多元评价，感悟劳动价值

综合实践活动生长课堂中不能只关注结果，更应关注学生在活动过程中的体验。在"鞋盒巧变收纳盒"活动中，大部分同学都能制作出收纳盒，也有少部分同学遇到困难，作品完成不理想，教师能注重引导学生多元评价，促进反思交流习惯的形成，让经验得到内化。一是引导学生互相评价，提出改进建议；二是设计"我的收获与反思单"让学生填写，引导学生多维度反思自己的表现，畅谈收获与体会，明确进一步努力的方向。

因此，在劳动课中教师要注重学生的反思与改进，通过开展多元评价，让学生在自我反思和同伴交流中丰富个体经验，进一步体会劳动创造美好生活的道理，体味劳动创造的艰辛和价值，也在作品的不断改进完善中感受精益求精的工匠精神。

当生长课堂与劳动教育相遇时，教师要充分应用生长课堂的教学理念和教学策略，基于劳动教育的目标，创设真实的任务，把握好活动的关键要素，让学生在亲身经历创意物化的劳动实践中不断发展设计思维、工程思维、实践创新能力，学会使用简单的工具，掌握相关技术，树立正确的劳动价值观，不断提升劳动素养。

## 五年级《鞋盒巧变收纳盒》劳动项目设计

【项目来源】

在我们的生活中不少废旧物品只要把它简单地处理一下，其实就能变废为宝，既环保又节能，开展变废为宝的综合实践活动有利于贯彻落实环保教育。在大力倡导劳动教育的背景下，从小培养学生科学收纳的意识，有利于让学生体会到用劳动可以简化生活、创造生活美的道理。"鞋盒巧变收纳盒"这一劳动项目是依据《义务教育劳动课程标准（2022年版）》中第二学段（5~6年级）的任务群"传统工艺制作"中的"根据劳动需要，设计方案并选择合适的材料和工具制作简单作品"这一内容要求进行开发的，属于纸工项目。

该劳动项目旨在引导学生尝试综合运用美术、信息技术等已有的知识和技能，将鞋盒改造成各种富有美观、实用、创意的收纳盒，感受纸工创作的智慧和工匠精神，培养动手能力和创新精神，增强环保意识和收纳意识。

【项目总目标】

1. 劳动观念：体悟将鞋盒改造成收纳盒的意义和快乐，增强环保意识和收纳意识。

2. 劳动能力：能选择合适的材料和工具，运用"加一加""减一减"等创意方法，将鞋盒改造成收纳盒，初步掌握制作收纳盒的基本手工技法，发展设计能力、动手能力和创造力。

3. 劳动习惯和品质：能按照规范的流程和方法制作收纳盒，初步养成安全规范的劳动习惯和认真细致的劳动品质。

4. 劳动精神：感受精益求精的工匠精神，初步形成追求创新的劳动精神。

【适用年级】

五年级

【劳动场域】

1. 劳动场所：手工室
2. 所需的材料与工具设备：鞋盒、美工刀、剪刀、尺子、胶枪等

【项目时长】

课内 6 课时＋课外

【项目规划】

| 环节及课时建议 | 项目过程 |
| --- | --- |
| 第一阶段：明确任务、劳动准备、制订方案（课内 2 课时＋课外） | 播放生活中使用收纳盒整理物品的场景，让学生在观察对比中感受收纳盒的作用；播放自制收纳盒图片，让学生发现可以用鞋盒改造成收纳盒，生成活动主题；接着通过观察对比发现不同收纳盒的异同点，了解将鞋盒改造成收纳盒的创作思路和创意方法；然后组织学生制订鞋盒改造收纳盒的设计方案 |
| 第二阶段：动手制作（课内 2 课时＋课外） | 学生根据制订的设计方案，尝试综合运用掌握的手工技法，将鞋盒改造成收纳盒 |
| 第三阶段：交流评价（课内 2 课时＋课外） | 学生展示用鞋盒改造成的收纳盒，教师引导学生对照评价标准进行评议；组织交流收获与反思，并引导进一步改进作品 |

【项目组织过程】

## 第一阶段：明确任务、劳动准备、制订方案

【活动目标】

本阶段主要是产生制作收纳盒的兴趣，制订设计方案，准备好所需的材料和工具。具体目标如下：

1. 通过观察分析、讨论交流等方式，认识将鞋盒改造成收纳盒的意

义，愿意尝试变废为宝，增强环保意识和收纳意识。

2. 通过观察图片、分析交流、观看视频等方式，认识不同收纳盒的异同点，了解将鞋盒改造成收纳盒的创作思路和"加一加""减一减"等创意方法，了解制作收纳盒的基本技法。

3. 独立或与他人合作完成设计方案，提高规划能力和创新精神。

【学情分析】

五年级的小学生爱动手、乐探究，他们在美术课和劳动课等学习活动中参与过变废为宝之类的设计制作活动，对变废为宝的意义有一定的认识，也初步掌握了一些手工基本技巧，具有一定的观察能力和制订设计方案的经验。但是平时比较没有关注鞋盒的回收与利用，在将鞋盒改造成收纳盒的创意思路和方法、手工技法、画设计草图等方面仍需教师必要的指导。

【课前准备】

教师：制作课件、自制收纳盒、打印观察记录表和设计方案表

学生：鞋盒、剪刀、尺子、笔等

【活动过程】

一、聚焦收纳问题，提出劳动任务

1. 播放几张家里不同地方物品摆放凌乱的照片，学生谈观后感受。

教师小结：在家里的各个区域都会有许多小物品，如果没有好好收纳整理，不仅看起来很凌乱，也会给我们带来不便。

2. 播放用收纳盒整理后的照片，学生谈观后感受。

教师小结：巧用收纳盒，可以让我们的生活更整洁便利。

3. 播放用鞋盒改造的各种收纳盒图片，学生猜制作材料。

教师小结：鞋盒是我们生活中常见的垃圾。只要开动脑筋，发挥巧手，就能将鞋盒改造成我们需要的收纳盒哦！你想成为收纳小达人，自己动手做一个吗？这次活动我们就来研究怎样将鞋盒巧变收纳盒。（出示课题）

二、观察特点，探究设计思路

师：想要制作收纳盒，就要先对它的特点有所了解。请你仔细观察刚才的这些收纳盒，想一想它们的用途、材料、造型、结构有什么相同点和不同点呢？把你的发现记录在观察记录表上（出示如下表所示观察记录表）。

"认识收纳盒"观察记录表

| 观察内容 | | 用途 | 材料 | 造型 | 结构 |
|---|---|---|---|---|---|
| 我的发现 | 相同点 | | | | |
| | 不同点 | | | | |

学生自主观察并记录。然后交流观察发现。

【预设】

（1）学生发现收纳功能不同。

教师小结：可以根据生活需求设计收纳功能，力求方便实用。

（2）学生发现结构不同。

教师引导归纳出三种主要结构：分格式、抽屉式、组合式。

（3）学生发现造型各有创意。

教师引导归纳出几种造型设计：几何图形、动物造型、建筑造型……

（4）学生发现装饰材料可以多种。

教师建议：选择自己喜欢和家里现有的材料，多利用废旧材料更好。

教师引导交流并补充不同的装饰方法：用装饰材料包装；直接选用美观的鞋盒；在鞋盒上作画和粘贴装饰。

教师小结：在改造鞋盒时，我们可以根据需求和条件，从功能、造型、结构、装饰材料等方面进行创意设计，力求做到实用、美观、有创意。

三、欣赏图片，启发创意方法

1. 出示不同创意方法的收纳盒，学生交流喜欢的收纳盒。

【预设】

（1）加一加：在鞋盒中间巧妙地加上圆柱，做成上下两层。

教师追问：你们还能想到怎么加？（学生：加笔筒、加个书立、加颗珠子当拉手……)

教师小结：看来，巧妙一加，就能让你的收纳盒升值哦！

（2）减一减：挖出一些空隙，做出动物造型。

教师追问：哪些收纳盒也用了"减一减"的方法？（学生：挖出一个胡须造型做成抽屉的拉手，挖出一个长方形做成姓名贴……）

教师小结：巧用"减一减"，可让收纳盒更有创意。

2. 学生交流欣赏收纳盒后的感想。

教师小结：巧用"加一加""减一减"等创意方法，可以让作品更美观、实用、有创意。可见，掌握好方法，你就成功了一半。

四、交流创意，制订设计方案

师：独立思考下面三个问题，和旁边的同学交流交流你的想法吧！

（1）你想为谁设计收纳盒？打算用它来收纳什么物品？

（2）想把鞋盒改造成怎样的造型和结构？

（3）怎样把它装饰得更美观、更有创意呢？

1. 学生互相交流初步创意设想。

2. 教师出示设计方案表（如下图所示），并指导填写。

**"鞋盒巧变收纳盒"设计方案**

| 设计者 | | |
|---|---|---|
| 创意设想 | 用途 | |
| | 造型 | （1）几何造型（　） <br> （2）动物造型（　） <br> （3）其他_____ |
| | 结构 | （1）分格式（　） <br> （2）抽屉式（　） <br> （3）组合式（　） |
| | 装饰 | |
| 运用的技法 | | 剪（　）、切（　）、折（　）、其他_____ |
| 材料和工具 | | |

（表中"草图"栏位于造型行右侧）

3. 学生自主完成方案表，教师巡视指导。

五、展评方案，指导手工技法

选择有代表性的方案进行展评，师生评议。

【预设】

(1) 展评"简易桌面收纳盒"设计方案，渗透做隔板的技法。

学生可能提出要加隔板更方便收纳。教师让学生当场尝试制作隔板，并引导针对制作隔板中出现的问题提出解决办法，指导做隔板的技巧，并用图片补充多种分格方法。

(2) 展评"两层多功能收纳盒"设计方案，渗透做抽屉的技法。

学生可能提出喜欢抽屉的设计。教师先让学生交流做抽屉的已有经验，再播放运用剪、挖等技巧将鞋盖、牙膏盒等材料做成抽屉的视频，指导做抽屉的技法。

六、课堂小结，布置课后任务

1. 学生交流活动收获，教师结合板书进行课堂小结。

2. 布置课后任务。

(1) 修改完善设计方案。

(2) 根据设计方案准备好所需材料和工具。

## 第二阶段：动手制作

【活动目标】

本阶段是动手制作阶段，主要是按照前阶段制订的设计方案，动手制作出收纳盒。具体目标如下：

1. 能选择合适的材料和工具，将设计方案进行物化，经历将鞋盒改造成收纳盒的实践过程，渗透工程思维培养。

2. 通过动手制作，进一步掌握运用剪、切、挖、粘、折等手工技法制作收纳盒的劳动技能，提高动手实践能力和创新精神，磨炼不怕困难、大胆尝试、积极寻求解决办法的探究精神。

【学情分析】

学生在第一阶段已制订了初步的设计方案，对要制作的收纳盒的功能、造型、结构、装饰已有了初步设想，也在美术课和劳动课等学习经历中已掌握了一些手工基本技巧，为创意物化奠定了基础。但学生在改造鞋盒过程中，仍然会遇到一些手工技法上的困难、材料选择和工具使用等问题，这些都需要老师给予引导和帮助，才能使制作顺利完成。

【课前准备】

学生：根据设计方案准备好所需的材料和工具

教师：课件；学生制作所需的材料和工具，如胶枪、剪刀、美工刀等，以备学生准备不足时借用

【活动过程】

一、对照方案，检查材料工具

【预设】

学生可能有的材料和工具带不齐。

教师可以引导学生之间互相帮助、资源共享，同时教师也可准备一些让学生借用。

二、出示提示，明确制作要求

1. 使用剪刀或美工刀要小心，注意安全。
2. 遇到困难可以求助他人或查阅资料。
3. 制作时可以对原来方案进行修改完善。

三、动手制作，教师巡视指导

【预设】

学生在改造鞋盒过程中，可能会遇到一些手工技法上的困难、材料选择和工具使用、方案设计不可行等问题。

学生制作时教师要巡视，发现学生制作中存在的问题及时给予针对性的指导和帮助，如果是共性问题可全班停下集中指导，先让学生交流解决办法，教师再适时提供资源、讲解示范、梳理小结。

四、课堂小结，布置课后任务

1. 交流作品完成情况。

【预设】

有的学生已完成，有的还未完成。

对于完成的同学，教师给予表扬；对于未完成的同学，教师询问原因，师生共同提出意见和建议；教师可提供一些网址让学生查阅相关资料，寻求解决办法。

2. 布置课后任务。

（1）继续修改完善作品；

（2）遇到困难可请教他人或查阅相关资料。

### 第三阶段：交流评价

【活动目标】

本阶段主要是展示评价制作的收纳盒，反思改进作品。具体目标如下：

1. 乐于展示介绍自己的作品，感受创意物化的快乐。

2. 能根据评价标准对他人的作品进行评价，肯定亮点，提出意见和建议，提高批判质疑能力。

3. 乐于分享收获与反思，能根据存在的问题不断改进作品，提高反思能力。

【学情分析】

在前阶段，学生经历了将鞋盒改造成收纳盒的实践过程，大部分同学都能制作出创意、美观、实用的收纳盒，也有少部分同学遇到困难，作品完成不理想，不管成功与否，他们都收获了自制收纳盒的一些经验和体会，需要教师创造条件鼓励学生展示评价作品，分享收获与反思，提升个体经验，促进知识建构，明确进一步探究方向。

【课前准备】

学生：完成收纳盒的制作

教师：课件、打印作品评价表和"我的收获与反思"表

【活动过程】

一、展示交流

（一）组内展示，评价作品

1. 师生共同讨论交流，形成作品展示交流评价表（出示如下表所示）。

**作品展示交流评价表**

| 评价项目 | 作品实用 | 作品美观 | 作品创新 | 展示交流表现 | 总星数 |
|---|---|---|---|---|---|
| 自我评价 | | | | | |
| 小组评价 | | | | | |
| 老师评价 | | | | | |
| 统计 | | | | | |

备注：每个组员在组内展示介绍自己的作品，组长组织进行自评、组评，最后由教师评价，统计自评、组评和教师评的星数为最后总星数；每个评价项目非常好三颗星，还可以两颗星，需努力一颗星。

2. 组内展示介绍作品，对照评价表进行自评、组评，推选出小组最满意的作品。

（二）各组展示，师生评价

1. 举行收纳盒作品发布会，各组展示介绍推选出的最满意的作品。

2. 教师引导学生围绕下列问题对作品进行评价。

（1）你喜欢哪个小组推选的收纳盒，为什么？

预设：学生可能更多关注到整体的效果，特别喜欢比较美观的作品。

教师应引导学生欣赏各个收纳盒在美观、实用、创意等不同方面的细节亮点，肯定学生在材料选择上变废为宝的做法等，适时引导学生分享成功经验。

（2）你觉得哪个收纳盒有需要改进的地方，你有什么建议？

当学生发现作品存在的不足时，教师要表扬善于发现问题的同学，并

引导大家一起出谋献策，提出改进建议。

二、反思改进

（一）交流困难，寻求办法

学生交流制作中遇到的困难，师生共同寻求解决办法。

【预设】

（1）不会做抽屉（观察抽屉、查找资料、请教他人）；（2）粘不牢（用胶枪）。

教师小结：办法总比困难多，遇到困难不要气馁，要积极寻求解决办法。

（二）自我反思，交流体会

1. 出示如下表所示的"我的收获与反思"表，学生根据表格内容记录自己的收获与反思。

**我的收获与反思**

| 评价内容 | 很满意 | 还可以 | 需努力 |
| --- | --- | --- | --- |
| 能认真观察，积极思考问题 | | | |
| 能提出创意设计，完成设计方案 | | | |
| 能积极动手实践，体验实践过程 | | | |
| 会运用掌握的手工技巧，将鞋盒改造成收纳盒 | | | |
| 能从他人作品中总结经验，改进自己的作品 | | | |
| 能体会变废为宝的意义，增强环保意识 | | | |
| 我的收获 | | | |
| 我的改进设想或设计新想法 | | | |

2. 学生交流收获与反思。

三、课堂小结，布置后续任务

1. 课堂小结：同学们，在我们的生活中有很多废旧物品，它们都有潜在的利用价值。希望大家能运用我们学过的知识和技能，继续用灵巧的双手和智慧的大脑去挖掘和创造，让生活因我们的劳动更美好。

2. 布置后续任务：改进原作品或制作新作品。

师：你对自己今天的作品满意吗？你还有哪些新想法？请大胆去实现你的想法吧！有条件的同学可以拍下视频或照片，用钉钉作业平台或微信发送给老师哦！

## 第二节　生长课堂与跨学科主题学习

当今世界正处于一个信息化时代。《义务教育课程方案（2022年版）》所提出的"加强课程综合，统筹设计综合课程和跨学科主题学习"正是顺应信息时代人才培养的需求。综合实践活动是一门跨学科的综合课程，以培养学生的综合素质为目标。它与跨学科主题学习同属于广义的"跨学科学习"范畴。而新课改提出的"跨学科学习"，是指运用两门以上学科的理念、知识和技能来解决问题，从而形成跨学科理解和核心素养的课程和教学取向，其实质是将研究性学习的方式融入学科课程中。综合实践活动生长课堂的教学主张强调学生的主体性、实践性和综合性，这与跨学科学习的理念相契合。可见，综合实践活动与跨学科主题学习具有内在的关联性，它们都承载着实践育人的目标和共同的学习方式，所以，综合实践活动生长课堂的教学理念和实施策略可以应用到跨学科学习中，有利于学生核心素养的发展，凸显跨学科学习实践育人、综合育人的价值，那么，在跨学科学习中如何体现生长课堂的特征，探索落实学生核心素养培育的实践路径呢？下面以四年级跨学科主题活动"家庭节水小能手"为例，从情境创设、活动内容、学习方式、学习评价等方面，谈谈综合实践活动生长课堂教学主张在跨学科学习中应用的实践路径。

### 一、构建生活情境课堂，让儿童自然地生长

生活情境是指能与学生的生活经验联系起来的真实的情境。在跨学科主题学习活动中，教师应重视生活情境的创设，体现"生长课堂"的真实性。在活动主题生成阶段，教师要尊重生长主体，面向学生真实的生活世

界，从学生的自身成长需要出发，基于学生的已有经验和兴趣，创设能引发学生发现问题的生活情境，自然地生成活动主题，调动学生的探究欲望，从而让学生以自己成长的环境为学习场所，在熟悉的土壤中经历寻找、发现、思考和解决生活中真实问题的过程，获得真实的体验和感受。

例如，在"家庭节水小能手"跨学科主题活动的启动阶段，教师播放了"水是生命之源"的宣传片，组织同学们一起思考、分享感受，一幅幅真实的画面，一声声触动心灵的话语，唤起了同学们的节水意识。接着，教师趁热打铁，把目光对准学生身边熟悉的家庭用水场景，引导学生提出感兴趣的问题："每个月我们家要缴纳多少水费？""我们家有浪费水的现象吗？""我们家要怎样节约用水呢？"……从学生提出的一个个问题，可以看出老师创设的生活情境成功地引发了他们对家庭用水的关注，激发了开展节水行动的积极性。像这样链接学生的现实生活，着眼于学生的"最近发展区"，通过创设"恰如其分"的生活情境，以境诱思，可以有效激活学生的成长原点，唤起他们的求知欲，也有利于他们在活动中回到生活的真实情境中调查、设计、实验、制作、服务……让学生真正的学习得以发生，增强了解真实世界和解决实际问题的能力。

## 二、构建开放融合课堂，让儿童充实地生长

综合性是综合实践活动生长课堂的突出特点。跨学科主题学习活动中，教师要构建开放融合的生长课堂，不断拓宽活动内容和形式，由唯一性向可能性、选择性、完整性、多样性开放，强调活动内容的综合性、课程资源的开放性、教学方法的多样性等，探索以学为中心的"问题序＋任务序"的跨学科主题学习模式，调动各学科要素的协同效应，帮助学生巩固认识、加深理解、体验应用、感悟联系等，提高学科素养、应用意识和创新能力等，使学生在活动中充实地生长。

例如，在"家庭节水小能手"的主题中，教师围绕"争做家庭节水小能手"的驱动任务，提出了三个层层递进的核心问题，并基于核心问题设

计了三个相应的活动任务：家庭用水我调查—家庭节水我行动—家庭节水我宣传。引导学生运用科学、数学、语文、劳动、美术等学科知识开展实地调查、整理分析数据、撰写调查报告、制订节水指南、宣传节水行动等，在破解家庭节水难题中发展综合素养（见下图4-1）。

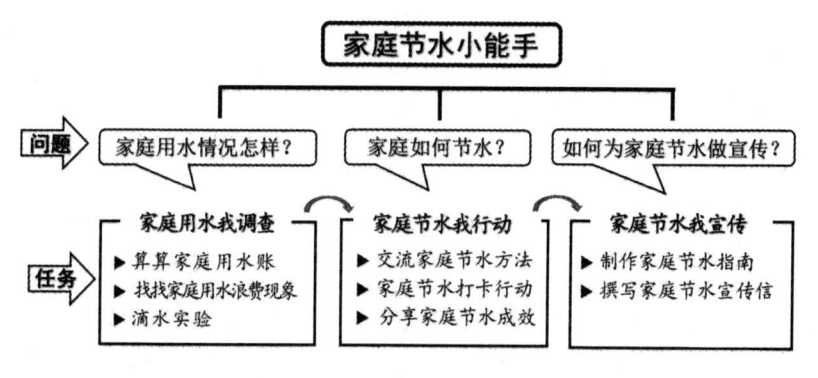

图 4-1 "家庭节水小能手"任务驱动群

活动中，教师从数学和科学的角度，引导学生寻找家庭浪费水的现象和进行"滴水实验"，亲身经历收集和分析数据的过程，初步学会用数学的眼光看问题，渗透节水意识；在"家庭节水行动"中则融入了道德与法治、语文、劳动等学科知识制订科学可行的节水方案、制作节水小神器，发展了探究实践能力和创新精神；在节水宣传活动中，又引导利用美术知识设计家庭节水宣传指南，运用语文学过的写信的形式向其他人宣传，提升了艺术表现、语言运用和责任意识等素养。通过这样将多领域、多学科知识重构，整合课内外教学资源，拓宽了学习视域，丰富了学生的学习和情感体验，彰显了跨学科学习的综合育人价值。

### 三、构建深度探究课堂，让儿童扎实地生长

综合实践活动生长课堂旨在以实践素养为核心，促进学生必备品格和关键能力的发展。跨学科主题学习活动中，教师也要着力于核心素养发展，把实践性原则作为培育实践创新素养的突破口，构建深度探究的生长课堂，为学生提供亲身经历设计、制作、调查、实验、服务、体验等实践

空间，让学生在丰富的实践活动中多思考、多动手、多体验，在具体的问题情境中运用经验解决问题。当学生以前的经验不足支撑他们解决问题时，教师要及时帮助学生排除障碍，引导学生展开更深层次的思考和实践，从而为学生的思维生长助力，使素养得到进一步发展。

徐鹏教授曾指出："学习支架是建立在一定的学习情境、学生全程参与基础上的，确定相应需求后才为其提供学习支架，只有这样学习支架的作用才能得到更好的发挥。"因此，在生长课堂中，教师可以根据活动任务和生情需求，设计恰到好处的学习支架，为学生提供适当的挑战与帮助，促进学生能自主完成实践任务，推进深度学习，让儿童扎实地生长。例如，在"家庭用水我调查"活动中，教师设计了"算一算家庭用水账"记录表，引导学生采用查水表、看水费单、走访家长等方式获取资料；设计了"家庭用水习惯调查表"，通过文字、图片、视频等形式，引导学生记录家庭浪费水现象，为调查结果在课堂上的深度分享提供真实、丰富的佐证；在"滴水实验"中，教师又通过"滴水实验"方案表为学生们搭建了实验支架，让他们都能顺利地参与到"滴水实验"中，切身感受到节约用水的重要性。学生借助支架，通过自主学习、合作探究等方式发挥主动性，促使学生在更深入的探索过程中，成为知识的主动建构者，实现活动经验的有效积累。

## 四、构建交流互动课堂，让儿童自主地生长

在跨学科主题学习活动中，教师要找准自己的角色定位，当好民主氛围的营造者、探究活动的促进者、问题解决的合作者、自主学习的激励者，把课堂还给学生，唤醒儿童的自主成长。

第一，搭建多维互动交流的平台。学生已有的知识水平、认知能力存在差异，每个人都以自己的方式理解事物。因此，学生的多样的、个体的经历不同于学生的总体经历。教师要善于抓住学生成长的关键因素，在方案论证、难题处理、策略选取、结果呈现、教学回顾等方面推动师生、生

生的深入交流与互动，鼓励学生勇敢地发表观点、发挥创造力和合作共学，实现个性差异、知识理解和思维方式的相互补充，使学生的素养在自我建构的过程中得到发展。

第二，开展多元协同的学习评价。新课程方案提出要创新评价方式方法，注重动手操作、作品展示、口头报告等多种方式的综合运用，推进表现性评价。因此，在跨学科主题学习中应构建全方位、多主体的评价，用多把尺子丈量学生的成长。例如，在"家庭节水小能手"主题中，教师采用"集水滴"的评价方法，设计各阶段的任务评价量表，将"评价"贯穿于活动的全过程，让学生获得及时反馈，激励持续参与活动的兴趣，推进活动的开展。在"家庭节水我行动"任务中，教师从节水方法的收集、节水行动的实践、节水经历的分享等任务提出评价标准，既关注任务完成的结果，也关注参与态度、方法运用、合作交流等过程性表现。教师引导学生对照评价标准进行自我审视和相互评价，提高了学生自我反思和评价能力，同时邀请家长参与评价，调动了学生和家长共同参与节水行动的积极性。

总之，综合实践活动生长课堂的教学主张与跨学科学习相辅相成，共同推动学生全面发展。教师应基于两者的共同目标，源于对儿童生命的关注，立足学生整体发展的需求，坚持以核心素养培育为价值导向，以儿童经验为基础，让学生在真实的生活情境中，通过自主探索、合作交流、动手实践等方式，充分发挥综合育人、实践育人的功能，让课堂充满成长的气息，给予学生成长的力量，助力学生向着未来坚实成长。

## "探究校园中的植物"跨学科主题活动方案

【主题说明】

校园里的植物是学校一道亮丽的风景线，也是学生们在校园里每天都会接触到的事物。可是校园中有哪些植物？它们叫什么名字？它们长得怎样？四年级的学生对它们所知甚少，更不会主动去想为它们做些什么。而四年级的学生已具有一定的观察和动手实践能力，初步学会通过上网、查书、访问等方法来查阅资料。因此，选择校园中的植物作为探究对象，有利于引导他们关注植物，进一步培养勇于探究和实践创新等核心素养，增强环保意识和校园小主人的责任意识。

"探究校园中的植物"是一个开放的跨学科活动主题，根据校情和生情可以生成多个活动课题。活动一"校园植物我知道"属于考察探究活动，旨在运用综合实践活动课实地考察的研究方法和科学课观察植物等知识和技能，组织学生实地考察校园植物的现状，通过上网、访问等方法收集植物的基本知识，提升学生观察、记录、查询和筛选信息能力，是其他课题的基础。活动二"我给校园植物挂名牌"是在此基础上衍生的活动，旨在引导学生运用信息科技课和美术课已有的知识和技能，发挥想象和创意制作个性树牌，为校园植物挂牌，进一步培养实践创新能力。

【活动总目标】

1. 通过实地考察、访谈、查资料等方法去探究校园植物，了解校园植物的名称、特性和用途等知识，提升考察、记录和查阅资料的能力，初步获得科学探究的成就感。

2. 运用信息技术设计树牌，将想法和创意物化，并能不断改进与优化，提升创新精神和动手实践能力，增强服务意识。

3. 通过实践探究活动，热爱呵护植物，尊重敬畏生命，增强环保意识。

4. 学会分工合作解决问题，增强沟通交流能力。

【活动对象】

四年级学生

【活动时长】

课内 11 课时＋课外

【活动的简要流程】

| 活动主题 | 活动阶段 | 关键要素 | 课时 | 课堂主要活动 | 教师指导要点 |
|---|---|---|---|---|---|
| 校园植物我知道（考察探究） | 活动准备阶段 | 发现并提出问题 | 1课时＋课外 | 一、植物竞答，谈话揭示课题<br>1. 校园植物竞答，学生谈感受<br>2. 欣赏植物照片，谈话揭示课题 | 1. 调动对校园植物的已有认知和喜爱的情感<br>2. 发现对校园植物所知不多，产生探究欲望 |
| | | 提出假设，选择方法，研制工具 | | 二、发散思维，探究研究内容<br>1. 小组讨论交流探究内容<br>2. 学生汇报，教师适时归纳板书<br>三、全班讨论，探究研究方法<br>1. 探究实地考察<br>2. 探究其他研究方法<br>四、分组尝试，体验方法优劣<br>1. 学生分组体验，教师巡视<br>2. 各组汇报研究结果及体验感悟<br>五、认领区域，讨论小组分工<br>六、课堂小结，布置课后任务 | 探究研究内容的指导：植物名称、种类、数量、形态特征（枝干、叶子、花朵、果实……）、用途、习性、花语……<br>探究研究方法的指导：<br>1. 实地考察：<br>(1) 运用多种感官调查<br>(2) 借助工具<br>(3) 注意观察顺序<br>2. 上网查找<br>(1) 电脑搜索引擎：认识百度"相机"查找功能<br>(2) 手机APP：播放视频介绍"形色"APP使用方法<br>(3) 手机百度<br>(4) 手机微信识物<br>(5) 智能手表识物<br>3. 访问<br>4. 查书<br>体验方法优劣的指导：<br>(1) 实地考察：针对性、直观，调查信息有限<br>(2) 上网查找：需有手 |

续表

| 活动主题 | 活动阶段 | 关键要素 | 课时 | 课堂主要活动 | 教师指导要点 |
|---|---|---|---|---|---|
| | | | | | 机、要鉴别<br>(3) 访问：访问对象要有针对性<br>小组分工的指导：<br>1. 按区域植物种类分配调查任务<br>2. 按组员特长和兴趣细化分工（观察、记录、拍照、手机百度……） |
| | 活动实施阶段 | 获取证据 | 1课时+课外 | 一、实地考察<br>分组到校园中考察植物，做好考察记录，教师巡视指导<br>二、收集资料<br>通过上网、查书、访问等方法进一步收集校园植物资料 | 实地考察时的指导：<br>1. 观察、测量、记录、查询方法<br>2. 纪律、安全等注意事项 |
| | 活动总结阶段 | 提出解释或观念；交流、评价探究成果 | 2课时+课外 | 一、整理成果，做好展示准备<br>二、举行"校园植物欣赏会" | 展示准备的指导：<br>1. 选择适当的展示方式<br>2. 做好相关准备<br>"校园植物欣赏会"的指导：<br>1. 小组合作：分工明确，组织有序<br>2. 成果评价：植物知识准确度、图文搭配、内容丰富<br>3. 展示效果：方式适当、表述清楚 |

续表

| 活动主题 | 活动阶段 | 关键要素 | 课时 | 课堂主要活动 | 教师指导要点 |
|---|---|---|---|---|---|
| | | 反思和改进 | 1课时 | 一、畅谈收获与反思<br>二、填写活动评价表 | 交流收获与反思的指导：<br>1. 活动收获（对校园植物的新认识、研究方法的习得和能力的提升等）<br>2. 成功经验<br>3. 不足之处及努力方向 |
| 给校园植物挂名牌（设计制作） | 活动准备阶段 | 创意设计 | 1课时<br>＋课外 | 一、回顾活动，生成主题<br>1. 欣赏前期考察探究活动剪辑<br>2. 欣赏不同地方的植物名牌<br>3. 引出本次活动主题<br>二、观察分析，认识名牌<br>1. 讨论交流，探究名牌的基本特点<br>2. 观察比较，明确名牌的制作方法<br>三、选择工具，进行设计<br>1. 植物名牌设计初体验<br>2. 发现问题，交流解决<br>3. 二次修改，完善作品 | 唤醒需求，生成主题的指导：<br>1. 回顾前期考察探究活动，体验探究之乐<br>2. 欣赏植物名牌，唤醒需求：如何帮助他人更好地认识校园植物，增强保护校园植物的意识<br>认识名牌的指导：<br>1. 不同点：材质不同、形状不同、造型不同、内容不同<br>2. 基本内容：树名、别名、种类（科属）……<br>3. 主要特点：树名醒目、语言简洁……<br>选择工具设计的指导：<br>1. 指导电脑办公软件使用过程中的技术性问题 |

第四章 生长课堂的延伸应用

续表

| 活动主题 | 活动阶段 | 关键要素 | 课时 | 课堂主要活动 | 教师指导要点 |
|---|---|---|---|---|---|
| | | | | 4. 展示交流，欣赏评价<br>四、课堂总结，活动延伸 | 2. 指导植物名牌设计不合理的美学方面的问题<br>3. 引导并鼓励学生互帮互助、团结协作的精神 |
| | | 选择活动材料或工具 | 1课时＋课外 | 一、调查了解，交流论证<br>1. 调查物化材料和工艺<br>2. 展示调查结果<br>二、选择制法，备好材料<br>1. 辩证选择统一的制法<br>2. 采访技术员，现场答疑<br>3. 备好素材 | 选用制作材料的指导：选用制作材料应考虑的问题：可行性、功能性、性价比 |
| | 活动实施阶段 | 动手制作 | 2课时＋课外 | 走进广告公司，动手制作<br>1. 学习技能<br>2. 动手制作 | 走进广告公司考察的指导：<br>1. 准备好考察记录单和问题<br>2. 活动开展的纪律和礼貌要求<br>3. 技能学习与实践操作安全提醒 |

续表

| 活动主题 | 活动阶段 | 关键要素 | 课时 | 课堂主要活动 | 教师指导要点 |
|---|---|---|---|---|---|
| 活动总结阶段 | | 交流展示物品 | 2课时 | 一、准备工具，现场挂牌<br>二、展示作品，评价交流 | 一、现场挂牌活动指导：<br>1. 制订活动方案，材料准备，分工安排、注意事项<br>2. 技能学习与演练：老虎钳的使用、绳子打结方法、锤子钉子安全使用强调<br>3. 现场活动的拍摄与记录<br>二、展示评价作品的指导<br>1. 评价点：标牌的设计是否合理，挂牌的位置是否合适<br>2. 设置奖项：最佳创意奖、最佳美观奖、最佳位置奖、最实用奖…… |
| | | 反思与改进 | 课外 | 1. 经验反思，形成技能<br>2. 改进标牌 | 交流收获与反思的指导：<br>1. 活动收获（创新方法、技术应用、情感体验）<br>2. 成功经验<br>3. 不足之处及努力方向 |

第四章 生长课堂的延伸应用　183

各课时的具体组织过程样例

## "校园植物我知道"第1课时

活动目标：

1. 通过参与校园植物竞答和欣赏图片，产生探究校园植物的兴趣，增强校园小主人的意识。

2. 通过观看校园植物图片和讨论交流，明白要探究的校园植物的基本内容。

3. 通过讨论交流，了解探究校园植物的多种研究方法，并通过分组体验感受不同研究方法的优缺点，提升发现问题和解决问题的能力。

4. 通过讨论交流小组分工方法，增强规划意识。

课前准备：

教师：课件、小组体验工具（书籍、手机、电脑、卷尺、盆栽等）、探究表等

活动过程：

一、植物竞猜，谈话揭示课题

1. 校园植物竞答，学生谈感受。

2. 欣赏校园植物照片，教师谈话揭示课题。

二、发散思维，探究研究内容

师：想要认识一种植物，需要了解它哪些方面的信息（出示校园里的植物图片）？

1. 小组中讨论交流。

2. 学生汇报，教师归纳板书研究内容（名称、种类、数量、形态特征、用途、习性、花语等）。

三、全班讨论，探究研究方法

（一）探究实地考察

师：想探究校园植物的这么多内容，看来得深入我们的校园实地考

察。那么，去实地考察要做什么呢？

预设：学生可能会说观察植物的形态特征、数数量、测高低等，也可能说不完整。

**【教师指导策略：**学生如果说到观察，教师要引导学生善于运用多种感官观察，要注意观察顺序；学生如果说要测量，教师可以引导借助工具和参照物；学生如果说不完整，教师可以引导补充。**】**

（二）探究其他研究方法

师：除了实地考察，还有其他方法可以了解校园里的这些植物吗？

预设：学生可能会说到用电脑搜索引擎、手机百度、手机识别植物应用软件、智能手表识物、手机微信等途径上网查找，也可能说到访问、查书等研究方法。

**【教师指导策略：**学生提到的研究方法如果可行就要给予肯定并板书；学生如果提到的方法较少，教师可以引导或直接推荐；学生提到电脑搜索引擎，教师可以出示图片引导发现百度"相机"查找功能；学生提到手机应用，教师可以播放视频介绍"形色"应用的使用方法。**】**

四、分组尝试，体验方法优缺点

师：通过大家思维的碰撞，我们想出了这么多研究方法，但是这些方法都能查找到我们要的植物信息吗？下面我们就来分组尝试一下。

1. 出示温馨小提示，明确活动要求。
2. 学生分组体验，做好体验记录（见下表），教师巡视指导。

_____小组"校园植物我知道"研究方法体验表

| 研究方法<br>（打"√"） | 1. 实地考察（  ） 2. 访问（  ） 3. 查书（  ）<br>4. 上网：手机APP（  ） 手机百度（  ）<br>微信识物（  ） 电脑百度（  ） | | | | | | | |
|---|---|---|---|---|---|---|---|---|
| 研究结果<br>（打"√"） | 名称 | 种类 | 数量 | 形态特征 | 习性 | 用途 | 花语 | 其他<br>（文字表述） |
|  |  |  |  |  |  |  |  |  |

续表

| 体验感悟 | |

3. 各组汇报研究结果及体验感悟，教师重点引导关注各种方法的优缺点和使用时需要的条件和注意事项。

4. 教师小结。

五、认领区域，讨论小组分工

1. 出示校园植物分布图，各组认领调查区域。

2. 讨论小组研究方法选择和分工，填写活动方案表（见下表）。

_____小组"校园植物我知道"活动方案表

| 组名 | | 组长 | |
|---|---|---|---|
| 组员 | | | |
| 研究区域 | | | |
| 研究方法 | 1. 实地考察（  ）  2. 访问（  ）  3. 查书（  ）<br>4. 上网：手机 APP（  ）  手机百度（  ）  微信识物（  ）<br>　　　　电脑百度（  ）  手表识物（  ） | | |
| 工具与分工 | 工具 | | 负责人 |
| | | | |
| | | | |
| | | | |
| 任务与分工 | 任务 | | 负责人 |
| | | | |
| | | | |
| | | | |

六、课堂小结，布置课后任务

课后任务：继续完成"校园植物我知道"活动方案表，并做好相关工具的准备。

板书设计：

**校园植物我知道**

| 研究内容 | | 名称 | 种类 | 形态特征 | 数量 | 习性 | 用途 | 其他 |
|---|---|---|---|---|---|---|---|---|
| 研究方法 | 实地考察 | | | | | | | |
| | 电脑搜索引擎 | | | | | | | |
| | 手机百度 | | | | | | | |
| | 手机APP | | | | | | | |
| | 微信识物 | | | | | | | |
| | 手表识物 | | | | | | | |
| | 访问 | | | | | | | |
| | 查书 | | | | | | | |

**"制作校园植物名牌"第1课时**

活动目标：

1. 通过课堂交流，认识植物名牌的基本要素和特点。

2. 通过交流对比，了解手绘及电子植物名牌的基本样式，尝试运用文字处理软件（word）等设计植物名牌，培养问题解决能力和探究精神。

3. 通过植物名牌的创意设计，提升创新精神和动手实践能力，体验为校园服务的乐趣，培养新时代劳动技术能力。

课前准备：

多媒体课件、智慧互动课堂多媒体设备

活动过程：

一、回顾活动，生成主题

1. 欣赏前期考察探究活动剪辑，感受探究之乐。

2. 欣赏不同地方的植物名牌，感受名牌之便。

3. 引出本次活动主题。

二、观察分析，认识名牌

1. 讨论交流，探究名牌的基本特点。

第四章 生长课堂的延伸应用

2. 观察比较，明确名牌的制作方法。

三、选择工具，进行设计

1. 植物名牌设计初体验。

提出任务要求：

（1）从电脑桌面的"素材"文件夹中选择小组的资料；

（2）选择喜欢的软件设计植物名牌；

（3）遇到困难，可以求助同伴或者老师；

（4）时间5分钟。

学生操作，教师巡视，关注学生遇到的问题。

2. 发现问题，交流解决。

3. 二次修改，完善作品。

提出任务要求：

（1）根据初体验设计存在的问题再次修改，设计出自己满意的作品；

（2）有困难可以寻求同伴的帮助，已经完成作品的同学可以帮助有困难的同学；

（3）时间为5分钟。

教师巡视，引导关注，鼓励互帮互助、团结协作的精神。

4. 展示交流，欣赏评价。

四、课堂总结，活动延伸

板书设计：

制作校园植物名牌

树名

别名：
科属：
生长习性：
……

树名醒目
语言简洁
色彩对比
排版合理

## 第三节　生长课堂与小学入学适应教育

　　从幼儿园进入小学是儿童早期成长过程中一次重要的转折。《义务教育课程方案（2022年版）》强调要注重幼小衔接，合理设计小学一至二年级课程；鼓励将小学一至二年级道德与法治、劳动、综合实践活动，以及班队活动、地方课程和校本课程等相关内容整合实施。因此，学校要尊重儿童的年龄特点和生长规律，积极探索幼小衔接校本课程的开发与实施，以期发展儿童进入小学所需的关键素质，帮助儿童顺利适应小学生活。

　　教育部印发的《小学入学适应教育指导要点》（以下简称《指导要点》）提出要关注个体差异，改革教育教学方式，强化以儿童为主体的探究性、体验式学习，为每个儿童搭建成长适应的阶梯。综合实践活动生长课堂倡导基于真实问题情境来生成活动主题，组织儿童亲身经历发现和解决问题的实践过程，从而发展综合素养。这与入学适应教育的发展目标和倡导的教学方式是一致的。

　　首先，小学入学适应课程的主要目标是帮助新生尽快适应学校生活，融入新的学习环境。综合实践活动生长课堂的教学主张鼓励学生主动参与、积极探索，通过实践活动来体验学习的乐趣，这有助于新生在入学初期就能形成积极的学习态度，更好地适应学校生活。

　　其次，综合实践活动生长课堂注重跨学科知识的整合和应用，这有助于新生在入学阶段就能形成对知识的整体认识，培养综合运用知识的能力。在入学适应课程中，可以通过设计主题式实践活动让学生在实践中学习，提高学习效果。

　　最后，综合实践活动生长课堂还强调培养学生的合作精神和创新能力。在入学适应课程中，可以通过小组合作的形式开展活动，让学生在合作中学会沟通、分享和协作，同时鼓励学生发挥想象力，提出创新性的想法和解决方案，培养他们的创新意识和能力。

　　综上所述，综合实践活动生长课堂的教学主张在小学入学适应课程中的应用是可行的，也是有益的。因此，可以将综合实践活动"生长课堂"的教学理念应用于幼小衔接校本课程的开发与实施中，通过开发主题式、综合性的活动，引领儿童在趣味性、挑战性、合作性的活动体验中发现和解决入学适应方面存在的真实问题，促进儿童主动学习，促进儿童身心全面适应。

笔者所在的学校依据教育部《指导要点》和新课标要求，整合国家课程、校本课程、综合实践课程课时和教材内容，围绕学生身心适应、学习适应、生活适应和社会适应的发展目标，探索生长课堂视域下的幼小衔接校本课程的开发与实施。

## 一、开发入学适应周课程，助力入学适应

喜欢上学，是儿童入学适应的起点，积极的入学体验有助于儿童顺利开启小学生活。进入一年级喜欢学校，喜欢老师，喜欢同学，最后才能触发他以正确的方式开启小学的成长之旅，这些比知识的衔接更重要。如何帮助新生以积极向上的情绪面对新环境呢？我们尝试围绕身心适应、学习适应、生活适应和社会适应的发展目标，运用综合实践活动生长课堂的主题式学习活动模式开发入学适应周课程，规划了"认识新校园、遇见新伙伴、养成好习惯、课堂新体验"四大主题，设计了"校园去探秘""欢迎新同学""校园新号令""吃饭有讲究""课堂三部曲""课间十分钟"等26个微主题活动。

例如，在"认识新校园"主题活动中，班主任老师带领学生们在"校园去探秘"的活动中，游走在校园的每个角落，参观校园的十大主题景观，在快乐的探秘行动中，熟悉校园环境，知道校园场室的分布，了解并爱上校园。美术老师们趁热打铁，开展了"小手画校园"的活动，让萌娃们用手中的笔描绘眼中的校园，把一个个喜欢的校园美景描绘在大眼睛中，用心捕捉和收藏校园的美丽，消除了对新环境的陌生感。

在"课堂新体验"系列主题活动中，不同学科的老师带领萌娃们体验

多彩的小学课堂，丰富多样的课堂活动、新颖的课堂评价、活泼的课堂氛围使学生们快速融入班级团体中，对未来的学习充满信心和期待。美术课上，教师结合本土的糖果文化，让学生们动手设计糖果的包装，感受到学习是甜蜜的；数学课上，学生们在寻找校园里的数学中，感受到数学就在身边的乐趣；科学课上，学生们亲手种植"太阳花"，了解种植方式和养花的方法，也培养了太阳花"积极向上、乐观勇敢"的美好品质。

精心规划的入学适应周课程，通过生活化、游戏化等一系列微主题活动项目，从目标的设计、学习方法的变革到评价方式的创新，让学生们能够更好地了解同学、老师和学校，快速融入集体，促进学生身心、社会性、学习能力等得到持续发展，助力萌娃们更快地适应小学生活，用愉悦的身心开启新的成长之旅。

## 一年级"课间十分钟"入学适应周活动案例

【案例背景】

幼儿园与小学在作息时间安排方面有较大的差别。从学生的心理特点和认知程度上来说，刚刚离开幼儿园的学生，心理上呈现出极强的依赖性，也不会合理分配自己的时间，因此，作为一年级的教师，我们需要帮助学生去适应小学不同的作息安排。如，小学的课间十分钟与幼儿园是不一样的，小学课间十分钟可以做什么，怎么合理安排，课间可以玩些什么游戏，这些问题都需要引导学生去探究了解。因此，我校把"课间十分钟"这个主题作为一年级入学适应教育课程内容之一。

幼儿园的很多活动都是综合性学习，而《义务教育课程方案（2022年版）》也提出一年级要注重活动化、游戏化、生活化的学习设计，要开展跨学科主题教学，强化课程协同育人功能。同时通过分析教学资源，我们发现一年级绘本校本课、道德与法治课上都有关于"课间安排"的内容，而数学、美术、科学、劳动等学科也有知识技能可以运用到课间小游戏中，于是我们决定以语文教师牵头，其他学科教师协同，开展以"课间十分钟"为主题的跨学科主题学习活动。

【案例描述】

基于学情分析，聚焦核心素养培育，根据入学适应发展目标，本活动围绕"课间十分钟"这一主题开展"课间做点啥""我喜欢的课间小游戏""玩个课间小游戏"三个层层递进的活动，引导学生通过阅读绘本、调查交流、动手制作、课间体验等形式探究"课间十分钟"，懂得课间重要的事情要先做，学会选择合适的课间游戏，能合理安排课间活动，让课间过得更文明、安全、快乐，也提高学生们综合运用多学科知识和生活经验来解决问题的能力。

【案例分析与反思】

### 活动一：课间做点啥——绘本悦读，共情明理

（组织教师：语文课教师）

绘本的画面生动，语言简洁，故事内涵丰富，对于一年级的学生来说有很强的吸引力，能够有效地释放想象力与创造力，有利于学生同理心与责任心的养成。可以说，绘本阅读是进行幼小衔接教学的突破口。因此，语文教师选择了《课间十分钟》这一精彩的绘本作为学生入学适应教育的载体。

活动初始，教师让学生带着问题"阿力在课间都做了哪些事情，它的做法对吗"共读绘本，调动学生多种感官，在"听、看、想、说"的一个个活动环节中，了解故事的主人公阿力课间十分钟的安排，从而发现阿力在课间安排存在的问题。接着创设了"帮阿力出主意"的情境，调动学生的积极性，借助卡片，让学生小组合作尝试贴出课间活动安排，并通过全班讨论交流，梳理出课间活动安排顺口溜（如上图所示）。

> **顺口溜**
> 课前准备很重要，
> 生活准备不可少。
> 重要事情要先做，
> 休闲娱乐放最后。

为了让学生们进一步感受时间的有限，教师将故事内容与学生的实际生活情境相联系，设计了"十分钟色块"游戏。教师抛出问题："如果有十分钟的课间休息时间，你要做什么？"这个链接自我的问题立即调动了学生们的积极性，大家纷纷举手发言。学生每说一个内容，教师就在标记"十分钟色块"的时钟上减少相应时间，就这样在学生交流中色块逐渐减少了，学生们也从中直观地感受到每件事都会占用时间，更加明白要合理规划时间。

榜样的力量是无穷的。课上，教师还播放了二年级哥哥姐姐们的课间活动视频，运用榜样示范法让一年级的学生更直观地了解到如何合理安排课间活动。有了榜样示范，这时教师再组织学生们规划自己的课间十分钟，完成计划"我的课间十分钟"，自然就水到渠成了。

在这个活动中，学生发现了做好重要的事情之后还剩下 5 分钟左右的时间可以休闲游戏。那课间可以玩哪些小游戏呢？带着这个问题，教师让学生们课后去看一看同学们课间玩什么游戏，也可以问一问老师、同学或家长课间可以玩什么小游戏，并用画一画、写一写的方式记录下来，为后面交流推荐喜欢的小游戏做准备。

### 活动二：我喜欢的课间小游戏——调查交流，梳理要点
（组织教师：综合实践活动教师）

用眼睛观察，用心思考，用嘴巴交流，用耳朵倾听，是上一节课阅读绘本总结出来的学习方法，而这同样是学生们平常获取信息的最直接的方法。课前，学生们通过观察、访问等方式调查了解了许多课间小游戏。

第二节课，综合实践活动教师就组织了"我喜欢的课间小游戏"推荐活动。学生们热情高涨，迫不及待地把自己收集到的小游戏与小组的同学分享，然后各组推选出喜欢的游戏在全班交流。有的小组推荐了"翻花绳"，有的推荐"萝卜蹲"，有的推荐"青蛙赛跑"、有的推荐"警察抓小偷"……从他们的调查表及课堂上的分享，我们发现学生们收集到的游戏

局限在玩过的一些游戏，他们对于课间游戏的认识只是基于自己喜欢或会玩，没有考虑到时间、道具、场地、安全等因素。于是，教师又组织了一场深度交流。

师：这么多的游戏，你最想玩哪一个呢？

生1：我喜欢踢足球，我要踢足球！

师：课间只有几分钟，踢足球合适吗？

生（异口同声）：不合适！

师：对，要选择时间段适合在课间玩的。

生2：我想玩"猫捉老鼠"，我跑得可快了！

生3：不行，不行，上次我和同学在走廊上玩"捉人游戏"摔倒了，还受伤了呢！

师：看来，课间游戏要选择安全的。

生4：我喜欢玩翻花绳，妈妈教过我，可好玩了！

师：翻花绳是我们中国民间流传的儿童游戏，用一根绳子，只需灵巧的手指就能翻转出许多花样，老师小时候也玩过，可有趣了！

……

一石激起千层浪，通过师生、生生之间的互动交流，共同梳理出了课间小游戏应该具备的特点：文明、安全、方便、有趣……提高了学生们对课间游戏的认知，合作交流、表达能力也得到了进一步提升。

**活动三：玩个课间小游戏——学习技能，学科运用**

（组织教师：语文、数学、劳动、美术等学科教师）

玩耍是让每个学生释放想象力、创新力和创造性思维能力的重要手段。课间玩耍是学生自己内在的兴趣和动机，正确地理解和运用课间游戏，不仅可以让学生们得到很好的休息与放松，还是一种自然、高效的学习方式。在上一个活动"我喜欢的课间小游戏"中，师生共同挑选了挑战拼音卡、青蛙赛跑、玩转陀螺、花样跳绳、五子棋等十几个适合课间玩的小游戏。学生选择自己最感兴趣的游戏，通过请教教师、家长或同学，学习制作游戏所需的玩具，掌握游戏的相关技能，了解游戏规则，并鼓励学生们把学会的小游戏推广介绍给其他同学一起玩。

对于比较多人喜欢的游戏，又需要先学习制作所需的玩具或技能的，活动二的综合实践教师就帮忙邀请相关学科教师进行指导。如，玩转陀螺就邀请劳动老师指导做陀螺的方法；"东南西北"是美术教材的内容，在美术老师的指导下，一张张普通的纸变成了一个个生动有趣的"东南西北"玩具；在数学老师的指导下，学生们探索着"图形拼拼乐"的游戏玩法……

"玩个课间小游戏"的活动，在语文、数学、美术、科学、劳动等学科教师以及家长们的支持下，学生们学得开心，玩得尽兴，实践创新能力也得到了提高。让我们跟随他们一起体验课间游戏的快乐吧！

**挑战拼音卡**　将语文实践作业制作的拼音卡片利用起来，从卡片中抽取声母、韵母、声调进行拼读，学生们可以轮流当考官。短短几分钟，挑战成功的学生拍手叫绝；失败的学生也不气馁，握紧小拳头，说着："再来，再来！"

**青蛙赛跑**　在科学老师的指导下，学生们学会了折纸青蛙，把课桌当跑道，随着一声"预备——跑！"的响起，青蛙赛跑开始啦，青蛙呱呱叫，学生哈哈笑！

**花样跳绳**　在体育老师的指导下，学生们学会了并脚跳、开合跳、花样跳。简单的跳绳，跳出的是健康，跳出的是活力，跳出的是创意、是协调、是协作。

### 拓展延伸活动：拇指评价，知行合一
*（组织教师：班主任）*

经历了前面三个学习活动，学生们的课间十分钟过得怎么样呢？是否合理安排课间十分钟？课间游戏是否文明、安全、有趣呢？为了促进学生

们知行合一，班主任与学校德育处的每周大拇指班级评选相结合，并邀请楼层的护导师和红领巾服务岗的同学对一年级学生们的课间活动进行追踪评价，对做得好的学生及时在点赞卡上签发点赞章；对做不好的同学及时引导，提醒改进。这样，有了老师和红领巾服务岗的大哥哥、大姐姐的监督、指导和帮助，学生们的课间活动更安全、更文明、更有意义了。

【案例总结】

本次入学适应周跨学科主题学习活动的开展，让学生们学会了合理安排课间十分钟，解决了学生们课间追逐打闹的安全隐患，发展了学生的综合素养，突出以下几个特点。

1. 基于儿童，源于生活。

"课间十分钟"立足学生的真实生活，以儿童兴趣和生活问题为探究主线。学生们从带着问题阅读绘本的那一刻开始，问题就一个接着一个出现，整个学习活动就是学生发现问题、分析问题和解决问题的探究过程，会用自己的方式记录自己的调查，制订自己的计划；会积极主动地面对每一次挑战；会花大把时间探究自己感兴趣的游戏，他们在玩中学，从玩中获得发展。

2. 学科融合，助力成长。

本次跨学科学习活动，打破了学科教学的界限，将道德与法治、劳动、综合实践活动、校本课程等相关内容整合实施，既有利于减少各学科出现教学内容交叉重复问题，又可以避免单学科教学目标过于单一，探究不够深入的问题。本次活动强化了儿童的探究性、体验式学习，引导学生运用语文、数学、美术、体育等多学科知识和技能，解决"课间十分钟"的问题，不仅让学生获得了合作、沟通、实践、创新等素养，还发展了思维能力、时间观念等，促进学生拥有丰富、安全又有趣的课间，使学生更快地消除陌生体验和不适应，促进他们以积极愉快的情绪投入小学生活。

3. 多元评价，知行合一。

及时而有效的评价，不仅可以激励学生，还可以帮助教师改进教育支持策略。但是教师不可能每时每刻跟在每个学生的身边，去观察他们的每一个课间活动，为了使评价更客观、全面，班主任请护导师和红领巾服务岗的同学也参与进来，结合学校的大拇指班级评价和点赞章评价机制，激发学生们合理安排课间十分钟，积极开展安全有序的课间小游戏，增强学生的集体意识和竞争意识，实现知行合一，养成良好的行为习惯，使学校课间活动呈现多元化、科学化、趣味化，进一步构建安全、和谐、文明的校园氛围。

## 二、开发校园节日项目化课程，推进综合学习

幼儿园的活动课程有清晰的领域系统，更加有综合性、探究性、主题化、任务化的特点，儿童是在主题化的任务下学习的。但是进入小学后，就有了具体的学科，也有了独立的、具体的学科课程标准，学科之间的界限明晰起来了。这对于初入小学的儿童来说，衔接上存在一定的困难。如何让儿童进入小学后，仍有机会参与主题化、综合化学习呢？

《义务教育课程方案（2022年版）》也提出要推进综合学习，加强课程内容与学生经验、社会生活的联系，积极开展主题化、项目式学习等综合性教学活动，培养学生在真实情境中综合运用知识解决问题的能力。因此，我们决定以项目化学习活动的开发作为幼小衔接课程建设的另一个切入口，本着"让'项目化课程'成为学生们最美的期待"的理念，开发了"一起来过节"系列项目化学习活动。这个项目化学习课程就是在原有的"校园节日课程"的基础上，从学科立场和生活问题出发，精选对学生终身发展有价值的课程内容，以项目化学习的方式来开展主题活动，发展学生核心素养，丰富经历和情感，帮助他们更好地适应一年级的学习生活，如下图4-2所示，即为"一起来过节"项目化学习课程图谱。

```
9月开学节 — 我上小学了                    时间规划师 — 3月数学节
10月体育节 — 我会跳绳                     创意诗配画 — 4月读书节
                    一起来过节
11月科技节 — 玩转纸蛙                     闽南风味早餐 — 5月美食节
12月艺术节 — 欢聚一"糖"                   你好，红领巾 — 6月儿童节
```

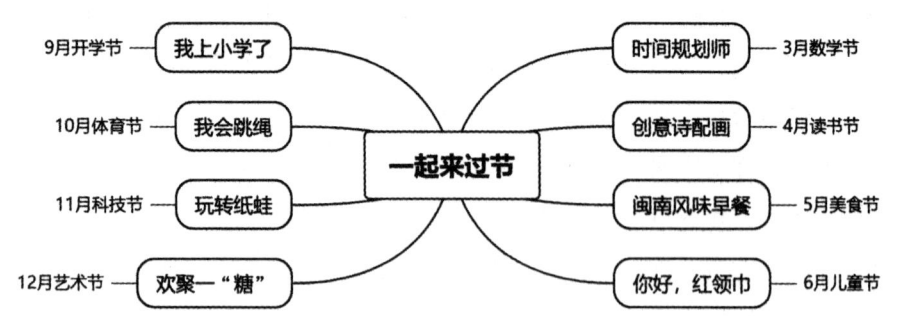

图 4-2　"一起来过节"项目化学习课程图谱

这些项目化学习活动有的来自学科教材的拓展目标，如数学节的"小小时间规划师"，有利于让学生在活动中进一步丰富学生的数学经验，增强时间规划意识；读书节的"创意诗配画"，让学生们在创意配画中加深对古诗的理解，激发热爱古诗的情感；有为了了解家乡闽南文化而开发的"闽南风味早餐"，将学生带进有趣的生活情境中，在动手设计制作中感受闽南美食的魅力；而"六一儿童节"是学生们最期待的节日，今天有部分学生要光荣地加入少先队了，在这个节日到来之前，"你好，红领巾"这个项目化学习活动将带领着学生们探秘红领巾，学习入队的一些知识和技能，为加入少先队做准备。这一个个项目化学习活动贴近一年级孩子的兴趣和生活，用他们喜欢的多元形态，引发他们积极参与真实有趣的项目化学习活动，从而滋养出学生向上生长的力量，让学校课程成为学生的向往，让每个学生的生命精彩绽放。

在新课程改革背景下，我们应站在课程的视角，立足儿童发展，用课程化实施、系统化推进的坚守，基于问题解决，以生活化、活动化、项目化的学习方式，积极构建学校幼小衔接校本课程体系，探索一年级生长课堂教学新样态，不断建立长效机制，助推幼小科学衔接。

### 一年级"我是小小时间规划师"项目化学习活动案例

【活动背景】

幼儿从大班进入小学，既是一个从学前期进入学龄期的重要阶段，也是人生的一个重要转折。从作息时间的变化看，幼儿园的入园时间比小学晚一些，幼儿的时间观念不足，这就导致很多的幼儿在进入小学一年级后，出现了上学迟到、做事拖拉等缺乏时间观念的现象。《指导要点》中也明确指出要合理安排作息时间，对初入学儿童可适当调整作息安排，家校配合，督促儿童早睡早起，上学不迟到。幼儿园很多教学活动是综合性的，于是，我们挖掘数学教材中"认识钟表"这一单元的教学内容，开展了"我是小小时间规划师"为主题的数学项目化学习活动，该项目围绕着"我们要怎样做一份合理的时间规划表，争做时间规划师"这一驱动性问题展开，引导学生认识钟表，学会用整时和半时来表述生活中的时间问题，学会设计有创意的钟表以及合理安排自己的一天，增强时间观念，养成规律生活、珍惜时间的好习惯，体会数学与生活的密切联系。

【活动内容与过程实录】

根据《指导要点》和小学数学课标要求，结合学情分析，此次"我是小小时间规划师"项目化学习活动，主要围绕下面四个活动展开，层层递进。

活动一：游戏激趣，感受时间的魅力

时间对于学生来说既熟悉又陌生，熟悉是因为他们的生活、学习离不开时间，陌生是他们认识时间、看钟表的方法是零碎的、不具体的，这就需要在老师的指导下，经历认识钟表的过程，从整体上认识钟表，会读整时和半时，并能用整时和半时描述一天的活动。因此我遵循学生的年龄特点，以游戏活动为主，创设了"猜谜语""你说我拨"等游戏，引导他们观察、比较、动手操作、合作探究、大胆表达，在主体探究中学会认钟表的方法。

如，在"你说我拨"的互动小游戏中，我给学生提供了数学游戏材料——钟面，让同桌两人互相拨一拨，说一说。学生们兴趣浓厚，拿到钟面后便迫不及待地观察起来，接着按照老师的活动要求，互相配合，一人说时间，一人拨钟面。在认、说、拨、写活动中，学生们调动多种感官参与，学得主动，学得轻松，对钟面的结构有了更深的体会，对整时和半时有了更充分的理解，感受到了数学学习的快乐。

时间是看不见、摸不着的，需要将抽象的"时间"转化为看得见、摸得着的外在表象，因此在教学过程中，我以"小明的一天"贯穿学习活动，比如早上 7:00 起床，9:30 做早操……生活中每件事情都对应着一个时刻，将学生熟悉的事件与时刻对应起来，让学生明白数学来源于生活，培养学生的应用意识，也为后面合理安排自己的一天做铺垫。

活动二：制作钟面，触摸时间的"模样"

为了巩固学生们对钟面的认识，更好地安排生活与学习，我布置了"制作钟面"的活动任务，让学生们在家长的陪伴下一起制作精致的钟面。有的学生用自己喜欢的小动物做装饰，如猫头鹰、狮子、小老虎等等；有的把钟面做成了向日葵、漂亮房子的模样；还有的学生精心选材，做成了机器人钟面……学生们做了精美的钟表学具，爱不释手，不仅在下课的时候拿出来与同学互相拨一拨、说一说，也能在家里与父母互动，让时间时时刻刻陪伴在学生的左右。

此次制作钟表的活动，学生们在感受不同形状的钟面给人不同的美感的同时，还能更好地认识了钟面特征，加深了对时间知识的理解，把数学知识和生活实际紧密联系起来，体验到数学的无穷乐趣。同时在活动过程中动脑思考、动手创造，真真切切感受到学好数学的重要性。玩钟面的过程，既锻炼了表达能力、合作能力，又促进了亲子和同学之间的情感交流。

活动三：合理安排，我的时间我做主

《指导要点》中指出要鼓励儿童用图画、符号、文字等自己喜欢的方式，制订计划表或任务清单，指导和督促儿童按时完成，体会有计划做事的重要性。于是，学生们在经历认识钟表、制作钟面的活动后，我让学生们带着问题"你一天在家的时间是怎样安排的"，让学生们仿照前面活动中"小明的一天",用画一画、写一写的方法,完成"在家时间安排记录表"。学生们用画笔回忆生活,记录时刻,学会了与时间对话,明白时间在生活中的应用,见下图4-3。

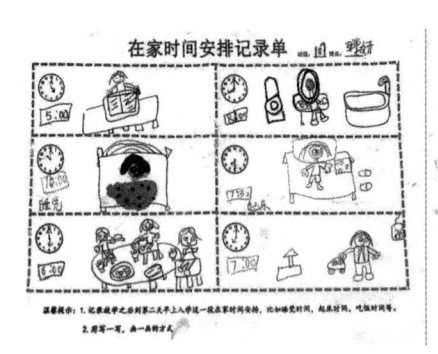

图4-3 学生绘制的"在家时间安排记录单"

为了让学生发现"在家时间安排"上存在的问题,我还组织学生们展示"在家时间安排记录单",并观察对比,交流发现。学生们发现有些同学的时刻记录不够清晰,没有条理,看不出哪段时间在做什么;有的不清楚自己的每件事情具体用了多久的时间。有的同学还发现了"睡觉"时间的安排不一致的问题,这引起了学生们的关注与思考。针对发现的这一问题,我引导学生们进行了一番讨论分析:

生1:我发现了有的9:00睡觉,有的10:00睡觉,还有的居然11:00才睡,太晚了吧!这样第二天怎么起得来啊?

生2:是啊,我也发现了,很晚才睡的,第二天早上就很晚才起,居然8:00才起床,这样上学肯定迟到了。

师:是啊,我们请某同学来说一说为什么你晚上11:00才睡觉啊,我发现你早上迟到了,你能来说说原因吗?

某同学:回家要做的事比较多,还要完成妈妈布置的任务,我做得比较慢,还玩了一会儿游戏。

生1:你是不是阅读的时候一下子要喝水,一下子要上厕所啊,没有一心一意啊?

第四章 生长课堂的延伸应用 201

某同学：嗯，我妈妈也说我做事拖拖拉拉的，花了很长时间，事情还做不好。你们是怎么做的，能教教我吗？

生3：我妈妈拿个闹钟放我前面，告诉我做每种事情花多长时间，我现在学会看整时，半时了，我能看懂。

生4：我妈妈说小孩子每天要睡10个小时才可以，所以每天晚上9点前就一定得让我到床上睡觉。其他事情我就得快快完成。

师：同学们说得真好！是啊，只有做事有时间规划，才能合理安排好每一件事情。

通过分析交流，教师表扬了时间规划合理的同学，同时也引导另外一部分时间规划不合理的学生，在家长的指导下，重新制订"在家时间安排单"，确保能够在晚上9:00前睡觉，养成早睡早起的好习惯。

学生们经历了合理安排时间的探究活动，在"做"中思考时间怎么用，在"用"中想时间怎么排，在"议"中明白了合理安排时间能让生活变得更丰富，学习更充实，进一步增强了时间观念。

活动四：畅谈收获，争做时间规划师

活动结束后，我组织学生们畅谈活动收获，学生们踊跃发言：

生1：通过这次活动，我学会了用整时和半时来表述生活中的时间问题。

生2：我认识到了自己迟到、做事拖拉的原因，懂得了更合理地安排时间。

生3：我感受到了时间的宝贵，懂得要珍惜时间。

可见，这次活动让学生明白了合理规划时间的重要性，能够将课堂所学与生活实际相结合，感受到了数学与日常生活的密切联系。

虽然合理安排作息时间十分重要，但比这更重要的还是执行。为了促进知行合一，我设计了一张"争做小小时间规划师"的评价表，如果能做到每天执行计划，在规定时间完成相应任务，学生就可以在"学生评"一栏为自己奖励1颗星星；并请家长们帮忙监督，有做到的在"家长评"一栏奖励学生 1 颗星星。学期末进行统计，比比看谁做得好。

有了这张评价表的激励，也有了家校共育。学期末统计时，我们可喜地发现一个个"小小时间规划师"诞生了，学生们在日复一日地坚持中，逐步养成自律的好习惯，成为时间小主人。下图 4-4 是学生们绘制的"我是小小时间规划师"。

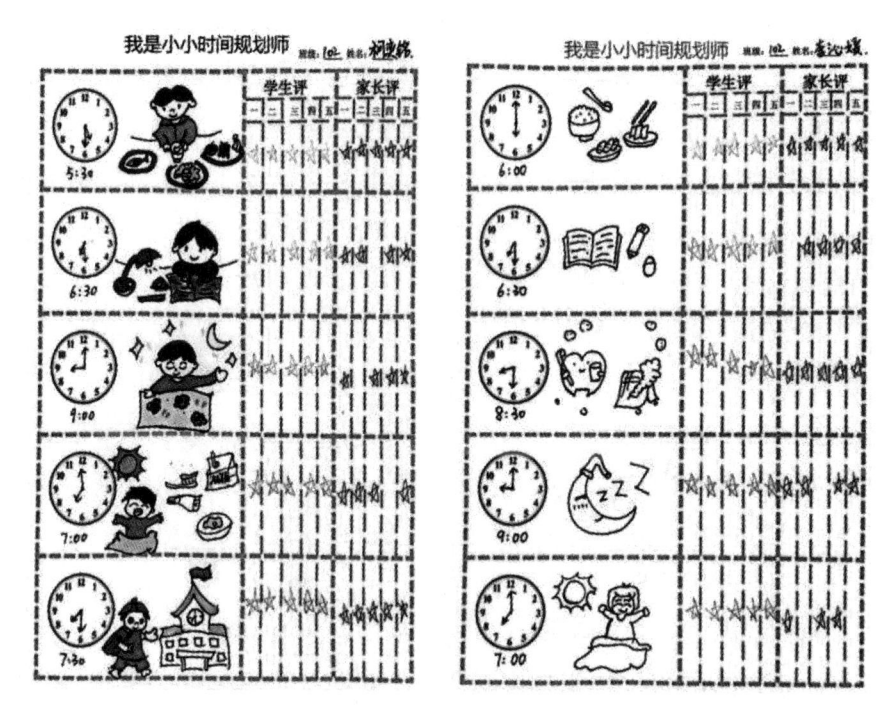

图 4-4 "我是小小时间规划师"学生绘制展示

**【活动的特点及价值所在】**

此次"我是小小时间规划师"的数学项目化学习活动，从书本走向生活，从课内延伸到课外，让时间观念在学生心中萌芽，在学习与生活中学会把握时间、管理时间以及合理地安排时间，成为真正的时间小主人。主要突出了以下几个特点。

1. 运用数学知识，助推生活适应。

一年级小朋友时间观念不足，在刚进入小学后往往会出现上课迟到，做事拖拉，在家时间不能合理安排的问题，此次活动教师巧妙地挖掘数学教材"认识钟表"的教学内容，引导学生运用数学知识解决生活中的作息时间安排问题，让学生从现实生活中发现数学，在生活中学习数学，积累数学经验，再用所学的数学知识寓于生活，用于生活，激发学生学习数学的兴趣，也解决了学生的生活适应问题。

2. 学习方式衔接，促进学习适应。

幼儿园以综合性学习为主，我们延续这样的学习方式，开展了项目化学习的综合性活动，设计了游戏化、生活化、活动化的学习活动，发展学生的综合素质。如，教师抓住学生的年龄特征，活动伊始用谜语引出钟表，游戏激趣，引发学生强烈的兴奋感和亲切感；课上提供充足的材料让学生亲自动手拨一拨时钟，同桌玩"你说我拨"游戏，在游戏中积极探索，学会数学知识；课后让学生制作精致的钟面，又培养了学生的动手实践能力；最后还让学生练习自己记录作息时间，学会合理安排时间……层层推进的学习活动，以游戏、探究、实践、体验为主，学生对这样的学习方式感到熟悉，能更自然地融入活动中，帮助学生更好地适应小学的学习。

3. 发挥家校共育，助推幼小衔接。

从理解感知时间，到合理地规划时间，生活中的点点滴滴，身边的每一件小事，帮助学生建立起时间观念，帮助学生改掉拖拉的坏习惯，这都离不开家长的配合。在这次活动中，亲子一起制作钟面，并运用钟面互动学习，一起制订作息时间表，并监督和评价完成情况，充分调动了家长力量，真正做到教师、家长、学生三位一体，让学生顺利度过幼小衔接，快速融入小学生活。此次"我是小小时间规划师"的数学项目化学习活动，从书本走向生活，从课内延伸到课外，让时间观念在学生心中萌芽，在学习与生活中学会把握时间、管理时间以及合理地安排时间，成为真正的时间小主人。

# 主要参考文献

[1] (美) 约翰·杜威. 民主主义与教育 [M]. 王承绪, 译. 北京: 人民教育出版社, 2001.

[2] 杜威. 儿童与课程 [M]. 郑宗海, 译. 上海: 中华书局, 1922.

[3] 邹开煌. 教育强国呼唤陶行知成为教师的知识标配 [J]. 生活教育, 2023 (2): 13.

[4] 邹开煌. 从陶行知"核心生活力"谈发展学生核心素养 [J]. 生活教育, 2017 (5): 7-8.

[5] 中华人民共和国教育部. 中小学综合实践活动课程指导纲要 [M]. 北京: 北京师范大学出版社. 2017.

[6] 中华人民共和国教育部. 义务教育课程方案 (2022年版) [M]. 北京: 北京师范大学出版社, 2022.

[7] 贾桂强. 生长式语文课堂 [M]. 北京: 中国人民大学出版社, 2019

[8] 孟晓东. 用生长定义教育——孟晓东与语文生长课堂 [M]. 南京: 江苏凤凰教育出版社, 2016

[9] 陈卫东. 让课堂自然生长起来 [J]. 教书育人, 2015 (02).

[10] 王爱真. 让学生主动发展是素质教育的灵魂 [J]. 都市家教 (下半月), 2010 (12).

[11] 邵晓枫, 廖其发. "以学生为本"教育理念内涵的解读 [J]. 中国教育学刊, 2006 (3).

[12] 于泽元, 邹静华. 人工智能视野下的教学重构 [J]. 现代远程教育研究, 2019 (4).

[13] 张家军, 鲍俊威. 中小学教学改革实验70年的回顾与展望 [J].

课程·教材·教法，2019（9）.

[14] 刘玲. 中小学如何开展社会服务活动——《中小学综合实践活动课程指导纲要》"社会服务"主题解读 [J]. 人民教育，2018（3）.

# 后　记

　　时光荏苒，岁月如梭，我的综合实践活动教学之旅已走过了漫长而充实的一段路程。回首这 20 年的旅程，点点滴滴，历历在目，心中充满了无尽的感慨与感激。

　　2004 年的工作调动，让我与综合实践活动教学开始结缘，从语文老师变成了一名专职的综合实践活动教师，这是我教育生涯中一次重要的机遇与挑战。那时的我，对如何有效地开展综合实践活动感到迷茫和困惑。但心中对教育的热爱和对学生成长的期待，激发了我对综合实践活动的好奇心和探索欲。我开始主动阅读相关书籍、参加培训，努力提升自己的专业素养。在各种培训中，我从一个个热衷于综合实践活动课程研究的专家、学者身上不断吸收知识，汲取前行的力量。

　　随着对综合实践活动的深入了解，我逐渐形成了自己的教学风格和特色。我积极开发了交通文化、糖果文化、闽南美食、职业体验等一系列富有本土特色和趣味性的综合实践活动。在课堂上，我将学习的主动权还给学生，鼓励他们自主、合作、探究，注重培养他们的创新意识和实践能力，让学生在轻松愉快的氛围中学习知识、提升综合素养。正是对综合实践活动教学的热爱和追求，让我在成就学生的同时也开始崭露头角。2012 年我有幸参加了福建省第二届中小学教师教学技能大赛，在原泉州教科所李杰然教研员和晋江市教师进修学校王雯老师的专业指导和帮助下，在学校领导的大力支持和同事们的陪伴下，荣获了福建省二等奖，这也更坚定了我的专业自信。

　　教学主张是一个教师的核心教育理念，是教育思想的具体化和凝练，也是个性化的表达，犹如一个人内心的指南针。2016 年，我参加了泉州市教学名师培训，在理论导师福建教育学院林藩教授和实践导师王雯老师的指导下，我对自己十多年来的教学风格和追求的理想课堂进行了审视和研究。教育即生活，教育即生长。我一直期待我的课堂能充满生长的气息，能听到生命"拔节"的声音，于是我提出了自己的综合实践活动教学主张——生长课堂，并申报了福建省立项课题"构建适合儿童经验生长的综合实践活动课堂的实践研究"，将教学实践和理论学习研究相结合，开启了"生长课堂"的教学主张的研究之旅。

构建综合实践活动"生长课堂"，正是要强调课堂的动态性、生成性与发展性，旨在打破传统教学的束缚，让学生在实践中主动学习，在探索中自然生长。因此，我在自己的教学生命里精心而又坚定地践行着我的生长课堂，始终坚持以学生为中心，以生活为源头，以活动为载体，让学生在丰富多彩的活动中感受学习的魅力，体验探究的乐趣，唤醒他们的自觉生长。看着他们在实践活动中不断成长、不断进步，看到他们对上综合实践活动课的期盼，我更感受到了践行"生长课堂"的价值和意义。

从最初对"生长课堂"的懵懂探索到逐渐形成清晰的理念与实践路径，建构了有一定理论框架的体系。这一路走来，经历了无数次的思考、尝试、反思和总结。每一次的课堂实践都是一次对教学主张的雕琢，每一个学生的反馈都是推动我前行的动力。这个研究过程充满了挑战，也伴随着满满的收获。

此外，我也努力将自己的研究成果和经验分享给更多的同行们，多年来我受邀在省市开设10多场讲座，2017年在泉州市小学综合实践活动学科送教送研下乡活动中作《关注儿童发展，构建"经验"课堂》专题讲座，2018年在晋江市小学学科名教师教学展示活动中作《立足"经验"，寻求"生长"》专题讲座，2022年为泉州市"十四五"第一批小学教学名师培养对象作《立足儿童发展，构建生长课堂》专题讲座，撰写了《"生长课堂"——我的综合实践活动教学主张》等多篇论文发表于CN刊物上。在成长的过程中，我积极发挥晋江市综合实践活动兼职教研员、泉州市王雯名师工作室核心成员和学校副校长的引领辐射作用，修己达人，坚持用

"生长课堂"的教学主张引领着老师们成长，当看到一个个老师在公开课、在比赛中呈现出来的充满生命力的"生长课堂"获得了专家、同行们的好评，看到了学生在"生长课堂"中自由而蓬勃地生长的精彩画面，更坚定了我践行和推广"生长课堂"的热情和信心。

此时此刻，《为生长而教——构建小学综合实践活动生长课堂》一书，带着我20年来的孕育和守望，伴随着新课程改革的脚步，即将诞生了。这本小书力图呈现的正是我在构建综合实践活动生长课堂的实践与思考，更准确地说，是对我20年来在这个领域的印记。在书稿撰写的过程中，我更是深感其不易。从选题到构思，从撰写到修改，每一个环节都充满了挑战和困难。但正是这些挑战和困难，让我更加深入地理解了研究的本质和意义。我深知，每一次的尝试和突破，都是一次"破茧成蝶"的美丽蜕变。

回首20年来的成长旅程，我不仅收获了教学上的成果，更在研究中收获了宝贵的经验和智慧，我深感自己的幸运和幸福。我深知，这一切都离不开每一位领导、专家、朋友、同事和亲人们的支持和帮助。在本书即将付梓之际，请允许我对他们表达我最诚挚的感谢！

感谢我的单位和领导们给了我可以研究和践行的空间和时间，给予我充分的信任和支持，让我有机会去尝试新的教学方法和理念。他们的鼓励和肯定让我更加自信地走在教学与研究的道路上。

感谢邹开煌教授、易骏教授、林藩教授、李伯玲教授、周峰教研员、陈心教研员、叶晋昆教研员、李杰然教研员等多名专家的帮助和提携，让我有参与更高端的一些学习研修和展示交流的机会。

感谢我的导师王雯主任，她的智慧、专业和胸怀，在我成长的路上助力良多，不断地给予我宝贵的意见和鼓励，在一个个关键时刻给予我成长的平台和专业的指导，让我能够坚定信心，勇往直前，让我能够不断突破自我，实现自我成长。

感谢泉州名师培养班志同道合的朋友们：黄丽蓉、张燕燕、蔡月珠……还有泉州王雯名师工作室的伙伴们，我们共同致力于综合实践活动的研究，一起参与研讨活动、课题研究、编写教材等工作，一起遇见更美好的自己。

感谢中和小学和第六实验小学一路同行的伙伴们，我们并肩作战，一起研课磨课、一起备赛、一起组织活动，共同面对挑战，分享成功的喜悦，让综合实践活动的探索之路不孤单。

感谢邹开煌教授为本书写序；感谢王慧敏教授等对本书出版给予的帮助；感谢福建教育出版社编辑们的辛勤付出……在成书的过程中，我还引用和参考了一些专家、学者、老师的研究成果，在此一并表示衷心的感谢！

最后，特别感谢我的家人，感恩他们的理解、支持和帮助，他们始终是我最坚强的后盾和温暖的港湾，让我能全身心地投入工作，坚定地去追逐自己的梦想。

展望未来，我将继续深耕综合实践活动教学领域，坚持践行"生长课堂"的教学主张，不断探索和创新，努力让儿童在综合实践活动中经历"破土、发芽、长叶、开花、结果"的生长过程，得到符合其个性的、合适的、持续的生长，绽放生命的精彩。

希望这本小书能为更多的综合实践活动教师提供一些有益的启示和帮助，期待更多的伙伴们愿意与我一同走进"生长课堂"，共同探索教育的本质与美好。也恳请各位专家、同行们指正与反馈。

施美珠

2024 年 6 月 6 日